Lexposicion de loroison do minicale Pater noster.

Exposition de l'oroison dominicale pater noster
composee par maistre Raoul de montfiquet.

Ombien que la tressacree oroison dominica
le que on appelle la patenostre cōmancant
en latin.pater noster soit de si grande digni/
te/excellence/ɒ fecondite:que elle surmonte
tout entendement humain:par la haultesse des miste
res qui sont contenus en icelle/cōme cōposee par la sa
pience infinie de dieu:qui comprent toutes choses par
vng seul regard. Toutesfoiz pour ce q̄ toute persōne
de q̄lque dignite/estat ou cōdiciō quil soit:la dit ɒ doit
dire souuētesfoiz: et que en icelle est ɔtenu tout ce que
on peult licitement desirer:et demander/et en q̄lle ma
niere/ordre/ɒ condicion on le doit desirer et demander
Affin que on la die en plus grande reuerence/en humi
lite plus parfonde/ardante deuocion/esueillee enten
cion/feruent desir/ɒ en plus ferme cōfidence:cy apres
serōt escriptz aucuns pointz pour declarer aucunemēt
la dignite/continence/et fecondite de ladicte oroison.

Lesquelz pointz ont este extraictz et recueillis des
ditz de grāt nombre de sainctz docteurs ɒ expositeurs
qui donnent entendemēt du cōtenu en ladicte oroison

Mais pour mieulx entendre l'exposition dicelle Il
sera premieremēt dit que cest que oroison Quelle ne
cessite est defaire oroison. Quel proffit ɒ vtilite vient
dicelle. Et quelles choses sont requises ad ce quelle
soit bōne ɒ agreable a dieu Puis apres sera exposee

a.ii.

ladicte oroison et les pointz contenus en icelle. Et fi
nablement apres ladicte expposicion sera declare quel
les choses on doit demander par oroison/ et soubz qlle
condicion. Comme doit estre dispose celluy qui fait
oroison Pour quoy est ce que dieu aucunesfoiz ne ex
aulce pas loroison/ et que il delaye lexaudicion dicelle

Et que combien que loroison deument faicte ne soit
pas aucunesfois expaulcee selon la voulente de celluy
qui la fait:neautmoins elle est expaulcee au salut de
celluy qui la fait

Premier chapitre.Quelle chose est oroison,pour
quoy est ce que on la fait/q que il est bien raisonnable
que il nous ait este commande de faire oroison.

our declarer les choses dessusdictes, il est a pre
supposer que tout homme ẽ si imparfait q im/
puissant : que il ne peult faire de soy mesmes ne de sa
ppre vertu/ne aussi obtenir pour soy ne pour autruy
quelconque bien que il desire a faire ou a obtenir. Et
encores quãt il a obtenu:il nest pas puissãt de le gar/
der Ne peult aussi de soy mesmes euiter quelconque
mal/ne le oster et regester dauecques soy quant il la:
mais est necessite que tout cecy se face par la puissãce
de dieu. Et ce dit monseigneur sainct paoul lapostre
au troisiesme chapitre de la secõde epistre ql fait aux
corinthiens disant:q nous ne sommes pas souffisanſ
de nous mesmes cõme de no⁹ mesmes de penser quel
conque chose/mais toute nostre souffisance vient dẽ
dieu Et au ix.chapitre de lepistre qui fait aux rom
mains dit:que vouloir nest pas en la puissance de cel

luy qui veult: et courir neſt pas en la puiſſance de cel
luy qui court Et diſoit noſtre ſeigneur ieſucriſt: vous
ne poues riens faire ſans moy. Puis doncques ꝗ noſ
deſirs ne peuẽt eſtre acõplis ſi nõ de dieu: il eſt cler que
tout hõme doit procurer ẽuers dieu ce ꝗl veult ꝗ deſire

Or ne peult il moins faire pour ce procurer: que de
le demãder a dieu: en recognoiſſant ꝗl a beſoing ꝗ indi
gence de ſõ aide.   Et ceſte peticion ou demande eſt
appellee oroiſon. Car oroiſõ neſt autre choſe ſi non de
mander a dieu choſes cõuenables: ꝗ que on peut licite
ment deſirer affin ꝗl les face ꝗ acompliſſe. Et combiẽ
ꝗ on face oroiſõ aux ſaintz pour impetrer vers dieu ce
que on demãde: touteſſoiz ce neſt pas pour le dõner et
acomplir deulx meſmes.   Et quant nous prions les
ſaictz pour no⁹ aider vers dieu: ilz cognoiſſent en luy
ꝗ les prions ꝗ le prient pour nous.   Mais les ſainctz
qui viuent encores ꝗ ꝗ ſont en purgatoire nous ne les
prions poĩt de oroiſõ ſecrete pource ꝗ ilz ne voiẽt poĩt
encores en dieu nos oroiſõs.   Et telle demãde ou oroi
ſon eſt operacion de vne vertu ꝗ eſt appellee latrie ou
religion: par laquelle lhõme ſert a dieu et luy fait hon
neur ꝗ reuerence cõme a ſon ſouuerain ſeigneur. Car
p oroiſon lhõme ſoubzmect ſoy et ſes biens: et meſme
mẽt ſon ame au ſeruice de dieu. et luy fait reuerẽce en
proteſtant ꝗl a indigẽce ꝗ neceſſite de ſon aide: comme
acteur de tous ſes biens ꝗl deſire ꝗ demande p oroiſon
Par ce ꝗ dit eſt apparoiſt ꝗ il eſt bien en raiſõ ꝗ dieu
par ſon commandement ait oblige tout homme ꝗ tou
te femme a luy faire oroiſõ Le quel cõmandement

est escript en plusieurs lieux/τ mesmement au.xviii.
chapitre de sainct luc ou quel est dit que il cōuiēt touf
iours faire oroisō. Sur quoy dit saint iehan chrisosto
me:que ce mot la(ꝺuient)signifie necessite de cōman
dement. Et aux thesalloniens escript sainct pol di/
sant:pries sās intermission. cest adire quelle soit touf
iours a la gloire de dieu τ en charite:sans que pechie
la rompe   Et la raison dudit commādemēt est biē
clere cōme dit monseigneur sainct thomas. Car vng
chascun est tenu de se procurer des biens:τ mesmemēt
espirituelz.lesquelz on ne peut auoir si non seullemēt
de dieu:pour la quelle procuracion faire on ne peult a
moins que de la demander a dieu. la quelle demande
est oroison comme dit est. Et le temps ou quel on est
oblige a faire oroison est determine p leglise/Cesta ssa
uoir les iours des festes/ausquelz iours chascun est te
nu de estre au seruice diuin:τ de conformer son intēciō
auecques lintencion des ministres de leglise/lesquelz
font ausditz iours oroisōs pour tout le peuple.Mais
il nest pas a entēdre que on fait oroisō a dieu afin que
par icelle il cōgnoisse nostre desir:car il congnoist tou
tes choses eternellement.   Ne aussi pour muer ce ꝗ
il dispose a faire:ne pour muer ou changer sa voulēte.
Mais ce fait pour nostre bien seullement/afin que p
icelce nous obtenons ce que dieu a eternellemēt dispo
se nous donner par le moyē doroison/τ pour luy faire
seruice.   Et ne doibt on pas dire que ce soit griefue
chose de acomplir ledit cōmandement:mais cest chose
tresraisonnable legiere τ prouffitable:ainsi que dit est

Et premierement car cest vne chose tresfacille que faire oroison. Et pour ce on ce peut bien excuser de icuner: par fieblesse, et de faire aumosne par indigence: mais on ne se peult excuser de faire oroisõ. car elle est si facile: quelle na besoing de quellcõque chose qui soit dehors cellup qui fait oroison. Secondement oroi son est si tresligiere & agille: que ainsi comme dit le sai ge au xxxv. chapitre de lecclesiasticque: loroison de cel lup qui se humilie penetre et perce les nues soubdaine ment et va deuant dieu: & nest pas possible de enuoier a dieu plus legier messagier. Tiercement pour la grant familiarite que a oroison a dieu: car p icelle lhõ me parle familierement et sans moptn a dieu. Et ainsi que les familiers de vng rop portent hõneur & re uerêce a ceulx quilz voyent parler familieremêt auec ques le rop: pareillement les anges font reuerêce & hõ neur aux hommes quilz voyent parler familieremêt auecques dieu par oroison. Quattement pour no/ stre vtilite/ laquelle est souuerainement en ce que no9 assoubgectissiõs a dieu: que nous sommes esleues ius ques a lup: et que nous sommes vnis auecqz lup. Les quelles choses se font p oroisõ. qui nest autre chose selõ les docteurs: si non vne eleuaciõ de nostre ame a dieu

Second chapitre. Pour quop est ce q on fait oroisõ vocale, ou de bouche. & a qlles gens est plus conuena/ ble de la faire.

Roison se fait aucunessois mentale sans qlz conques parolles, et aucunessois vocale & de bouche p parolles. Loroison mentale est cõuenable

aux gens parfaictz:et qui sont exercites aux choses
espirituelles.mais loroison vocale qui est priuee et nõ
publique ne leur prouffite gueres. Mais a ceulx qui
sont imparfaitz et qui cõmencēt a estre bons:et aussi
aux ministres de leglise lesquelz fõt oroison publique
pour le peuple q̃ est imparfait:loroisõ vocale ē moult
cõuenable pour plusieurs raisons.   Premierement
affin que par les paroles quilz diēt:ilz ayēt memoire
de ce quilz demãdent p oroison.   Secõdemēt affin
que leur affection soit plus embrasee:car les parolles
de dieu sont comme feu.   Tiercemēt affin que lhõme face seruice a dieu par sa bouche/ainsi cõme il fait
par son esperit   Quartemēt affin que ceulx q̃ oient
les parolles de loroison soiēt incites par icelle a deuo
cion:et que ilz dõnent cõsentemēt a telles oroisons:et
mesmemēt quantilz se font par les ministres de legli
se/par lesquelz le peuple ē inuite a oroison: quelle cho
se ne se feroit pas p oroisõ mentale:pour ce que on ne
voit poīt dedens le cueur de lhomme q̀ la fait   Quī
temēt que elle preserue de pechie.Car dieu dist a lõme
au pliiii.chapitre de psaie:ie te bailleray par ma loué
ge(cestassauoir de oroison)ung frain/affin que tu ne
perisses.   Sixtemēt affin quelle chace le dyable.de
quoy il est escript au xvi.chapitre du premier liure des
roys/q̃ toutes les fois que le mauluais esperit vexoit
le roy saul:dauid chantoit deuãt lup aucunes oroisõs
et adõc le mauuais esperit le lessoit ⁊ sen fupoit. Car
ainsi comme les larrõs ⁊ mauuais facteurs sen fupēt
quãt on crie:aux larrons.aux larrõs/et quãt on crie

a layde au roy/ou du prince:pareillemēt les diables se
fuyent tous estōnes et espouētes quāt on crie ᵹ demā
de laide de dieu par oroisoͷ.Et pource oroisoͷ est vng
souuerain remede ͻtre toutes les temptaciōs du dya
ble   Et ainsi comme on reputeroit coulpable de lar
recin ou de traysō vng homme qui auroit aucune for
teresse a garder pour le prince:se il ne croyoit ou appel
loit aide ᵹ secours quāt il verroit venir les ennemis et
lartdͦs:pareillemēt celluy ᵹ ne demāde a dieu secourſ
p oroisō contre aucune tēptacioͷ est repute coulpable

    Le troiziesme chapiptre.Que il noꝰest necessaire
de faire souuent oroisoͷ.

   c   ombien quil apparoisse desia quil est necessite
        de faire oroisoͷ par ce que dessus est dit:que lō
me ne peult acōplir ses desirs de sa propre vertu:ains
luy est necessite de demander par oroisoͷ/sur ce layde
de dieu:ᵹ par ce que dieu nous a obligies par soͷ com
mandement a faire oroisoͷ(mesmement auͬ festes)
touttesfoiz par autres moyens il appert quil nous est
necessite de faire souuent oroisoͷ Car les gens crient
en trois cas de necessitez:cestassauoir en cas de feu:eͷ
cas deauex en cas de larrons.Ainsi pareillement il ē
necessite de crier espirituellement par oroisoͷ.   Pre
mieremͭ en cas de feu espirituel. car chascuͷ iour les
maisons de nos cōsciences sont en dangier destre bru
lees du feu dēfer.cest adire du feu de concupiscence.la
quelle est vng feu deuorant iusques a ͻsumpcioͷ:aͷsi

comme il est escript au xxxi.chapitre de Job.   Et
il aduient souuêtesfoiz que quant on destainct ce feu
icy dung coste:il sourtvng autre feu dorgueil ou daua
rice ou dautrevice a lencontre de nous.Pour ce nous
deuons crier a dieu par oroisõ affiŋ quil nous enuoye
leaue de sa diuine grace:ou leaue des lermes de cõpu/
ction.   Secondemêt pour le peril deau de mauuai
ses cogitacions qui sont labilez cõme leaue.Car bieŋ
a peine il se passe iour au quel lhomme ne sente sur la
teste de soŋ entendemēt le flus de mauuaises cogitaci/
ons. Contre lesquelles nous deuons crier a dieu par
oroisõ auec le psalmiste dauid disãt.Sire dieu saulue
moy:car les eaues ont entre iusques a mõ ame/Cest
assauoir les eaues de mauuaises cogitacions.ſ auec/
ques les apostres estans eŋ peril de mer: et disans a
dieu ou huitiesme chapitre de leuangile saīct mathieu
Sire saulue nous car nous perissoŋ.   Tiercement
est necessite de souuent crier a dieu par oroison pour le
dãgier des larrõs:cestassauoir des dyables/du mõde
ſ des pechies.Lesquelz sont chascuŋ iour au portes de
nostre ame/cest adire eŋ noz sēs.eŋ nostre bouche par
detractiõ . eŋ nos peulx par concupiscence de ce q̃ noꝰ
voyons:ſ ainsi des autres sens

Le quart chapitre. Que oroisoŋ est vtile ſ proufi
table a moult de choses

o   Roisoŋ nous est tresproufitable pourueu quel
le soit faicte deuemēt et deuotement pour plu/

sieurs vtilites qui viennēt delle. premieremēt car
souuēt elle garist le malade du corps. Et pour ce dit
monseigneur saint iaques au cinquiesme chapitre de
son epistre.Oroison faicte en foy sauluera le malade.

Secōdemēt car elle alonge la vie.ainsi quil appa/
roist au xxxviij.chapitre de ysaie du roy ezechias priāt
dieu/auquel dieu dist: Jay oy ton oroison ꞇ ay veu tes
lermes:ꞇ pour ce te eslongueray la vie de quinze ans/
ꞇ si deliureray toy ꞇ ceste cite de la main des assiriens

Tiercemēt elle deliure de opprobre.en ceste manie
re fut sarra fille de Raguel deliuree de lopprobre que
luy fist vne chamberiere/en luy disāt que elle mesmes
auoit estrangle les sept maris ꝗ elle auoit euz.Lesꝗlz
le byable auoit occis: ainsi quil est escript au troizies/
me chapitre de Thobie   Quartemēt elle deliure
de tout peril ꞇ dangier de mort:cōme la bōne susanne
fut deliuree/ainsi quil est escript au quatriesme chapi
tre du prophete daniel.   Quintement deliure de pri
son ꞇ de la subiection du mauuias tirant.Ainsi ꝗl ap/
pert au douziesme chapitre des faictz des apostres: ꝗ
saict pierre fut deliure de prison.Et au troiziesme cha
pitre de Jonas le prophete: de la deliurance dudit Jo
nas qui estoit en la mer ou ventre de la balaine.

Sixtemēt.elle garist souuent le malade:mesme
ment de la maladie de pechte:pour quoy dit sainct Ja
ques au v.chapitre de son epistre.se aucun devous est
malade:face venir les prestres/affin ꝗlz facēt prieres
pour luy.   La septiesme effect:car elle dōne victoire
et triumphe en bataille tāt corporelle cōme spirituelle

Comme il appert au xvii.chapitre de exode/ou quel est
dit:que quant moyse leuoit ses mains haut a dieu en
faisant oroison:le peuple de Israel auoit victoire def
sus ses ennemis.   Et origene dit en vne omelye/en
exposant ce mot du psaultier.Lestassauoir cõment se
faisoit il que vng hõme en persecutast mille:a deux hõ
mes en feissent fouir dix mil⸳ Sur lequel pas apres
plusieurs parolles il dit ainsi. Doys tu bien que vng
sainct peult trop plus en priant:que ne font innõbra/
bles pecheurs en bataillãt .qui nest pas(cõme il dit)
chose merueilleuse. Car puis que loroison de lomme
sainct perce le ciel:pour quoy ne auroit elle puissance
de vaincre:lennemy⸳ Le huitiesme effect.car elle
chace les diables du corps des poures creatures.pour
quoy il est escript au xvii.Chapitre de monseigneur
sainct mathieu que il yavne certaine maniere de dya
bles lesquelz on ne peult chasser du corps de la person
ne:si non en oroison ꝛ en ieune. Le neufiesme car
ceulx qui sont en tristesse/enuy ou amertume de leur
pensee:elle leur donne confort.ainsi quil est escript de
iesuchrist au vingtdeuxiesme chapitre de salct luc.au
quel apparut lange qui le conforta au iardin doliuet
apres son oroison. Le dixiesme car elle proffite a
transquilite devie.Pour quoy dit sainct paoul lappo
stre au second chapitre de la premiere epistre quil fait
a thimotee disant. Ie requier que deuãt toutes choses
on face prieres ꝛ obsecracions:affin que nous menõs
vie en repos et transquilite
Le vnziesme car elle euure le ciel:comme il est

escript au troiziesme chapitre de sainct luc que ie⁹ bap
tise/et faisant priere:le ciel fut ouuert.

Le douziesme car elle adoulcit et apaise dieu.cõ/
me il appert au tiers chapitre de thobie:que dieu expau
ca sarra luy requerant par oroison que son mari tho/
bie ne fust pas tue du diable cõe ses aultres vii.maris

Le treziesme/car oroison retient dieu quil ne se
courousse pour quoy il est escript en exode au trente
deuziesme chapitre:q̃ dieu dist a moyse qui prioit pour
le peuple apres quil eust adore le veau. Moyse lesse
moy affin que ma fureur se courousse cõtre ce peuple
et que ie lefface de dessus la terre:car il ne obeist point
a mes commandemens ne garde la loy aulcunemẽt.

La quattoiziesme car elle resiouist ⁊ delecte toute
la court celestielle/ainsi comme fait vne redolence de
loudeur de sensens ou dautre chose redolẽte. Et pour
ce dit saint iehan au v. chapitre de son appocalipse q̃
les sainctz qui adoroient dieu auoient des fiolles dor
plaines de oudeurs soefues:par quoy sont entendues
les oroisons des sainctz. Et pour dire en brief et sum-
maire la vertu ⁊ vtilite de oroison:ie dy que oroisõ ob
tient ⁊ impetre de dieu tout ce q̃ elle luy demande par
foy ⁊ charite car ainsi la dit iesucrist au p̃viii.chapitre
de saint mathieu disant. Se deux de vous sõt de vng
cõmun consentement sur la terre:toute chose quelcon
que quilz demanderõt leur sera faicte p̃ mon pere qui
⁊ es cieulx.Et si dit au ppi.chapitre de saĩct mathieu
vous aures toutes choses quelconques q̃vous demã
deres par oroison:pourueu que vous croyes.

Le.8.chapitre. Quelle chose est requise ad ce que
loperation de oroison soit bonne et meritoire

Et sainct docteur sainct thomas dit que ad ce q̃
loperacion de loroison soit bonne ⁊ pfaicte il est
requis quelle soit acompaignie des operacions de plu
sieurs autres vertus:cestassauoir premieremt de cha
rite:par laquelle celluy q̃ fait oroison desire ce qui est
demande par oroisõ.car on ne peult droitement ne iu
stement demander:ce que on ne peult iustemt desirer

Secõdement sont requises les operacions de foy
⁊ desperãce par lesquelles il croit ⁊ espoire q̃l impetre
ra de dieu cõme omnipotẽt et tresmisericordieux ce q̃l
demande:se luy mesmes ny mect empeschement.

Tiercement est requis loperacion de humilite p
laquelle il cõfesse q̃ veue son imperfection:il a indigẽ/
ce du bien q̃ il demande p oroison   Et quartemẽt est
requis loperacion principale de la vertu de latrye ou
de religion/que on appelle deuociõ.Laquelle deuociõ
nest autre chose si non prompte voulente de bailler et
exposer:applicquer et deuouer soy/et tout ce que on a
a tout ce q̃ appartient a faire seruice: hõneur/⁊ reuerẽ
ce a dieu: cõme a sõ souuerain seigneur. du q̃l deppẽd
tout ce q̃ on est:que on peult/⁊ que on a.Et quant on
a ces operacions icy:on obtient ce que on demãde par
le moyen de grace de dieu:non pas par rigueur de iu/
stice:mais par sa misericorde.

La seconde partie de ce present traictie en la quelle
est exposee ladicte oroison dominicale   Et premiere/

ment pour le vi. chapitre que ceste oroison fut faicte de
iesuchrist ala reqste de ses disciples côme treseȝcellête
Es disciples de iesucrist considerans ce que dit
est de oroisõ ꝗ plusieurs autres choses. desirãs
aussi que eulx ꝗ nous feussions le temps aduenir cer
tains qsles choses nous deuons demander p oroisõ:
et en quelle maniere/ꝗ en quel ordre nous les deuionſ
demãder: disdrêt a noftre seigneur iesucrist(ainsi ꝗl ê
escript au ȝi. chapitre de saït luc) Sire enseigne noꝰ
a faire oroison: ainsi côme iehan baptiste la enseigne
a ses disciples. Et nostre seigneur leur respondit par
sa souueraine sapience/bonte ꝗ charite:tãt pour eulx
comme pour nous en disant:quãt vous feres oroison
dictes ainsi. Pater noster qui es in celis et cetera. Et
pareillemêt au siziesme chapitre de saint mathieu est
recite quil leur dist. Lettainemêt voꝰ feres oroison en
la maniere qui sensuit. Pater noster ꝗ cetera. Côme
se il leur eust respondu. Se vous voules faire oroison
vous ꝗ toutes les gens du monde:ainsi comme vous
p estes obliges:ꝗ quelle soit parfaicte et a dieu agrea/
ble. Se vous voules aussi obtenir de dieu quelcõque
chose que vous poues desirer licitemêt:faictes voftre
oroisõ en la maniere qui sensuit/Lestassauoir. Pater
noster ꝗ cetera   Lest adire côme dit vne glose sur ce
pas icy. Ne demandes iamais a dieu par oroisõ quel/
conque chose en substance:ne soubȝ aultre condicion/
ou ordre:ꝗ ce qui est demãde par ceste oroisõ icy:ꝗ selõ
lordre et condicion:côtenue en ceste oroison.combien ꝗ
les demandes soubȝ autres parolles.   Lar pour cer

tain tout ce qui eſt decent et licite a lhõme de deſirer et
de demander a dieu ꝗ tout ce qui eſt licite ꝗ il le donne
ꝗ ſoubz la condicion ꝗ ordre ꝗl eſt licite de ce faire:tout
ce eſt demandé en ceſte treſexcellente ꝗ ſacree oroiſon.

Et pour ce ieⱱous la compoſe et baille cõe faicte
de ma ſouueraine ſapience et infinie charite ꝗ amour
que iay aux hõmes:et comme treſcõuenaⱱle a iceulx

Et pour ce dit ſainct iehan criſoſtome que celluy ꝗ
fait oroiſon en autre maniere ꝗ ieſucriſt ne a enſeigne
par ceſte oroiſon:il neſt pas ⱱray diſciple de ieſuchriſt

Et dit auſſi que dieu le pere ne oyt pas ⱱoulentiers
loroiſon que dieu ſon filz na compoſee.   Il neſt pas
touteſfois a entẽdre ainſi cõme dit ⱱne gloſe ꝗ no⁹ ne
puiſſons faire oroiſon licitemẽt ſoubz autres paroleſ
ꝗ ſoubz les parolles de ceſte oroiſon icy / mais nos ne
deuonſ ⱱſer en oroiſon de quelzconques autres parol
les ſi non ſoubz le ſens ſubſtance/ordre/ꝗ cõdicion cõ/
tenue en ceſte oroiſon.   Et ſi neſt licite de demãder a
dieu par oroiſon quelcõque choſe ꝗ ne ſoit cõtenue au
cunement dedãs ceſte oroiſon   En lexpoſicion de la
quelle ſeront trois choſes declairees.Premieremẽt la
ſouueraine excellence dycelle.Secondement cõe par
icelle on prent/ou demõſtre pfaictemẽt la beniuolẽce
de dieu enuers nous Tiercemẽt ſera mõſtre ſa treſſe
conde continence.

Le ſeptieſme chapitre.Que ceſte oroiſon domini
cale ſurmonte les autres.Premieremẽt en dignite/et
pourquoy elle fut cõpoſee ꝗ pronõcee de la propre bou
che de dieu fait homme.

¶ efte oioifō dominicale de pater nofter epcede tou
tes autres oioifons en trops chofes.Ceftaffa/
uoir en dignite:en briefuete et cōtinence ou fecondite.

¶ Premieremēt en dignite: pour ce quelle a efte cōpo
fee p la perfonne du filz de dieu iefucrift/ainfi cōme il
eft dit au chapitre precedēt.lequel la baillee pour bng
chief deuure de oioifons ꝗ cōme trefparfaicte p deffus
toutes autres. Et de ce fenfuit que il na pas efte pof
fible ꝗ oioifon quelzconques feuft faicte de plus grā/
de fapience/de plus grāde feruent de charite ꝗ amour
enuers nous ne de plus grant btilite   Et la faicte
dieu et pronōcee de fa bouche:efpecialemēt pour trops
caufes qui monftrēt fa grāt dignite:oultre ꝗ p deffus
les btilites deffufdictes doioifon.Premierement affin
ꝗ on la die a dieu en plus grant reuerēce.Secondemt
affin que on entende ce qui eft cōtenu en icelle en plus
grāde diligēce. Et tiercemēt affin que on efpoire im
petret ce que on demande en plus grande confidence

¶ Premierement dieu la luymefmes cōpofee affin que
on la die en plus grande reuerēce.Pour quoy dit faīct
Auguftin:que tous les chriftiens doiuēt faire trefgrā
de reuerēce a loioifon douinicale: pour ce quelle a efte
faicte par le fouuerain docteur: ꝗ pour ce a cefte caufe
bng chafcun eft tenu de la fcauoir.   Et neft pas de
merueille. car fe on fait fi grant reuerēce que on peut
aup beftemēs de iefucrift pource quilz atoucherēt par
dehors a fō corps qui eftoit mortel:par plus forte rai
fon on doibt faire plus grande reuerence a cefte treffa
cree oioifō:laquelle a efte compofee de fa fapience in/

finie: ¶ formee par ses tresdignes organes ¶ mēbres q̃
sont de dans son corps ¶ sa bouche:¶ la quelle a aulcu
nement vie. Ainsi cōme dit monseigneur saint pol au
quart chapitre quil escript aux ebrieux/ disant.que la
parolle de dieu est viue ¶ efficace plus persante q̃ nest
quelconque glaiue tranchant des deux costes.   ¶ Se
condemēt a este composee de dieu:affin que on attēde
et considere par plus grande diligence ce qui est conte
nu en icelle/et que on preigne plus grant saueur aux
parolles qui y sont contenues/¶ lesquelles sōt de mer
ueilleuse haultesse:de trespuissante vertu/ et de sens
tresparfait qui excede tout entendemēt humain:pour
ce que ilz procedent de linfinie sapience du filz de dieu
laquelle veoit ¶ comprenoit par vng seul regard tou
tes choses.¶ pour ce a peu soubz ce petit de parolles cō
tenues en ladicte oroison cōprendre plus de choses que
quelconque entendemēt humain ne āgelicque ne sau
roit explicquer. Pour quoy dit saint iehan crisostome
Ꝺ que ceste oroison est loyale ¶ bien eureuse ¶ de gran
de cōtinence puis que le docteur de vie ¶ de charite no⁹
a institue lordre dicelle.   ¶ Tiercement dieu la faicte
de sa propre bouche affin que nous ayons plus grāde
confidēce de obtenir ce que demandons par icelle: car
no⁹ scauons bien que nous ne deuons demander rien
a dieu par oroisō sil nest conuenable a son honneur:se
il nest propre a nostre prouffit/¶ se on ne le peult obte/
nir de dieu.Ꝺr puis que il nous a ordōne de faire oroi
son en ceste maniere icy ¶ la no⁹ a baillee comme sou/
uerainemt parfaicte:nous deuons estre certains que

elle ꝑſone a ſon honneur:ꝗ nous eſt prouffitable et fait
impetrer ce que on demande.   Car par ce que il eſt
treſiuſte:il eſt cler quil ny a rien mis qui ne ſoit iuſte ꝗ
conſone a ſon honneur et reuerence.   Et par ce quil
nous ayme plus que ne nous aymons nous meſmes
car il eſt ſi treſpiteux et miſericordieux quil nous par/
done touſiours noz pechies ꝗ delitz. Et quil nous la
baiſfe comme ſouffiſante: il ſenſuit quil na riē obmis
ne oblie de ce ꝗ nous eſt neceſſaire et prouffitable a no
ſtre ſalut qui ne ſoit demãdc par ceſte oroiſō. Et pour
ce quil eſt ſouuerainemēt miſericordieux no⁹ deuons
eſtre certains ꝗl nya rien mis quil ne ſoit preſt ꝗ appa
reiſfe de ſe nous octroyer ſe lempeſchemēt ne bient de
par nous. Et a la berite il neſtoit pas poſſible de ſca
uoir mieulx cōme nous deuions faire oroiſon:ꝗ deſtre
inſtruictz par luy meſmes   Et pour ce la ainſi com
poſee le treſdoulx ieſus affi que ne ſoyons bacabons
et incertais de ce que luy deuōs demãdcr. Affin auſſi
ꝗ par icelle nous apꝛeſiſſiō a luy faire ceſt honneut et
reuerēce ꝗ luy demandōs tout ce qui no⁹eſt neceſſaire
ꝗ ꝗ nous ne feiſſiōs point de doubte ne heſitaciō que
ne obtenſiſſions ce ꝗ nous demãdons. Pour ce dit mō
ſeigneur ſainct iaques au pꝛemier chapitre de ſa cano
nicque que celluy qui pꝛie doit pꝛier en foy ſans quelz
conques doubtance ne heſitaciō.

Le biii.chapitre. Que ceſte oroiſon ſurmonte les
autres en brefuete/ꝗ pour quoy dieu la fiſt ſi brefue⸵
ꝼ   econdemēt ceſte oroiſon ſurmonte les aultres
oroiſons en brefuete ainſi ꝗl auoit eſte propꝩe
b.ii.

tise par ysaie:ꝫ q̃ sainct pol le dit au ix. chapitre de lespitre aux rommains/disant: q̃ le seigneur dieu a fait sur la terre parolle abregee. Et ce pour plusieurs raisons. La premiere affin q̃ vng chascũ q̃veult la puisse incõtinẽt apꝛẽdꝛe. La seconde que nul ne se peut excuser par ignorance quil ne la sache. Et la tierce affin q̃ on la puisse facilement retenir a sa memoire. Car les choses briefues sont trop plus aisees a apꝛẽdꝛe et entẽdꝛe:et quãt on les a prinses sont plus aisees a retenir, ꝫ est plus grant faulte de les ignorer:q̃ les choses qui sont longues ꝫ pꝛolixees. Et pour ce le saulueur du monde y a vse de si grãde briefuete:attendu la pꝛofũ/dite des misteres qui y sont cõtenus:q̃ il nest nul tant soit simple ou rude: qui ne la puisse facillement apꝛẽdꝛe et retenir sãs grant labeur/pourueu quil ait bõne voulente:affin que vng chascũ puisse estre facilemẽt instruict par icelle en discipline celestielle. Mais nõ obstant celle briefuete elle contiẽt si haulx misteres q̃ nul ne les peult a peine parfaictement compꝛendꝛe.

Pour ce dit sainct augustin parlant dicelle/en disãt q̃ loꝛoison dominicale contiẽt moult de choses en peu de parolles affin que par icellola simplicite des crestiens incontinẽt apꝛenne ce qui souffist a son salut.ꝫ q̃ la prudence et entendement des grans engins se merueille de la pꝛofondite des misteres que elle contient.

La quarte raison de ceste briefuete est affin que vng chascun la die bien souuent:car lhomme est souuentes foiz assailly par tentacion/et pour ce luy est besoing de demander souuẽtesfoiz remede a dieu:en vsant sou

uentesfois du remede doroison:quelle chose il ne pour
roit faire se loroisõ estoit trop longue/attendu la mul
titude dẽpeschemẽs qui distraient lhõme. Mais ceste
oroison est si tresbriefue q̃ nul nese peut epcuser p quel
cõque empeschemĩt q̃l ne l a puisse souuẽt dire ɾ en peu
de temps.La.v.affiɳ que celluy q̃ prie ne se ennuye eɳ
priant et ne perde sa deuocioɳ,car deuociõ est cõme la
gresse ɾ suauite du sacrifice de oroisoɳ qui le rẽd agrea
ble a dieu.Pource dit dauiõ,sire ie lieueray mes maĩſ
eɳ toɳ nom/cestassauoir p oroisoɳ.ɾpour ce ie teprie q̃
mõ ame soit rẽplye dc gresse cest adire de deuociõ. car
souuẽtessois oɳ pert la deuociõ quãt loroison est trop
longue. La vi.afiɳ q̃ p la briefuete de ceste oroisõ dieu
nous monstre q̃l est prest de nous epaulcer incõtinant
ɾ sans delay.car dieu est de si grãde misericoɾde q̃ il ne
luy souffist pas seulemĩt de estre plus prompt a nous
epaulces q̃ ne sõmes a le prier:ains p sa grãt magnifi
cẽce ɾ bonte il nous solicite/ɩuite/ ɾ admõneste a prier
eɳ nous disant au p vi.chapitre de sainct iehaɳ:Vous
naues iamais riẽs demãde iusq̃z a maintenãt.demã
des:ɾ Vous aures.q̃res:et Vous trouueres.frappes:ɾ
oɳ Vo⁹ ouurera. La vii.raisõ de ceste briefuete ẽ afi
q̃ apɩends q̃ no⁹ deuds plus prier dieu p affection q̃ p
voix.ɾpour ce il nous dit au vi.chapitre de sainct ma
thieu.Quãt Vous me pries ne me dictes gueres de pa
rolles. Sur quoy dit saint augustiɳ:gardes q̃ eɳ vo
stre oroisoɳ ny ait moult de parolles:mais gardes q̃l
ny ait faulte de grande deuociõ ɾ priere pourueu que
Voftre intencioɳ soit de feruente perseuerance.

b.iii

Le iiij.chapitre.Que ceste oroison excede les aul/
tres en continence et fecondite.

Iercemēt loroisō dominicale furmōte les au
tres oroisōs en cōtinēce ꝗ fecōdite de ce ꝗ on
peult demāder:car tout ce ꝗl eſt poſſible a iuſtemēt de
ſirer.demander et obtenir.neceſſaire/ et prouffitable
pour noſtre ſalut:eſt ꝛtenu es vij.peticiōs ꝗ demādes
ꝛtenues en ceſte oroiſon. Et ꝗl ſoit ainſi il appert.car
tout ce ꝗ on peult deſirer ꝗ demāder/ou ceſt biē a faire
ou a obtenir:ou ceſt mal ꝗ on neveult point auoir:ou
ceſt cōfirmaciō de lūg ou de lautre Se nous plons du
biē ꝗ on peut deſirer ꝗ demāder/ou ceſt bien eternel ꝗ
eſt la fin de lhōme. ꝗ ce biē icy nous le demādons p la
pmiere peticion(Sanctificetur nomen tuū)ton nom
ſoit ſainctifie quant a la gloire ꝗ amour de dieu en ſoy
Et auſſi p la ſeconde en diſant(adueniat regnū tuū)
tō royaulme viengne en nous/en tant ꝗ nous aymōs
nous meſmes en dieu: ꝗ dieu en nous, ꝗ ꝗ deſirōs et de
mandōs auoir fruicion du bien eternel. Du ceſt biē ꝗ
eſt moyē pour puenir ala fī deſſuſdicte. ꝗ ce biē icy ou
il eſt bien de grace ꝗ eſpirituel/ou il eſt tēporel. Se ceſt
biē de grace ꝗ eſpirituel ſoit opaciō ou habit et vertu ꝗ
ſont neceſſairemēt reꝗs a obtenir ladicte fin: nous de
mādōs tout cecy p la tierce peticiō/ ceſt aſſauoir(fiat
volūtas tua ſicut ī celo ꝗ ī terra)ta voulēte ſoit faicte
en la terre cōe au ciel. Par leſꝗlles troys peticiōs ou
demādes lhōme ē biē ordōne enuers dieu p ſoy eſpāce
ꝗ charite Et ſe nousvoulōs deſirer ou demāder ꝗlzcō
ques biēs tēporelz cōe moyēs pour puenir a ladicte fi

de beatitude leſq̃lz biẽs tẽpozelz ſont iſtrumẽs ꝓ ozga
nes p leſq̃lz no⁹ uſons des biẽs eſpituelz a obtenir la
dite fi ꝓ tout ce demãdõs p la iiii.peticiõ/ceſtaſſauoir
(Panem noſtruz quotidianũ da nobis hodie)Donne
nous au iourduy noſtre pain quotidian. Et ſe nous
parlons des maulx dont nous uouldõs eſtre exemps
ꝓ deliures: il conuient/ou que ce ſoiẽt maulx du tẽps
paſſe ꝓ de coulpe.Leſquelz ſont contraires directemẽt
aux biens eſpirituelz et eternelz. Et generalemẽt
nous demãdõs eſtre deliures de ces maulx icy par la
v.peticiõ en diſant(dimitte nobis debita noſtra ſicut
et nos dimittimus debitozibus noſtris)Pardõne no⁹
noz faultes ꝓ peches ainſi que les pardõnons a ceulx
qui nous ont offenſes. Ou ce ſont maulx a aduenir
qui mainẽt guerre et donnent empeſchemẽt es biens
eſpirituelz: et de tous telz maulx nous demandõs de
ſiurance par la vi.peticiõ/ceſtaſſauoir(Et ne nos in
ducas in tentationẽ)ne permetz pas que nous cheon
en tentaciõ. Ou ce ſont maulx preſens ꝓ maulx
de peine.leſq̃lz ſont cõtraires aux biens tẽpozelz ꝓ au
cuneſſois aux biẽs de grace: qui ſont moyens pour ꝑ
uenir a ladicte fin.ꝓ de tous ces maulx icy no⁹ demã/
dons eſtre deliurez p la vii.peticiõ/ceſtaſſauoir(Sed
libera nos a malo) Et ſe nous uoulons pler dauoir
confirmaciõ en quelconque biẽ que nous aiõs/ ou en
exempciõ de quelconque mal:nous en faiſons auſſi
demãde par ladicte premiere peticion en diſant a dieu
(Sanctificetur nomẽ tuũ)tõ nom ſoit ſanctifie.car
lozs le nom de dieu eſt ſanctifie en nous ꝑpetuellmẽt

b.iiii.

quant tout bien qui no⁹est necessaire nous ē cōferme
& tout mal ē de no⁹oste: ainsi q̄ les choses dessusdictes
sont declarees par le sainct docteur monseigueur saīt
thomas daquin. Mais tant le dit saīct thomas/que
autres docteurs exprīment par aultres raisons la cō
tinence & fecondite de ladicte oroison quāt au sēs mo/
ral & mistique. Cestassauoir que par les sept peticiōs
& demādes de ceste tressacree oroison nous demandōs
et pouons obtenir les sept vertus: dont les troys sont
theologalles/cestassauoir: foy. esperāce & charite. & les
aultres quatre sōt morales/cestassauoir. force. iustice
prudence & attrempēce Et les sept dons du sainct es
perit: qui sont le dō de crainte. de pitie. de science. de for
ce. de conseil. de entendement. & de sapience. Et pa/
reillement les sept beatitudes: et le merite et loyer dy/
celles. Desquelles la premiere est selon lordre correspō
dant ausdictes sept peticiōs, benoistz soiēt les poures
desperit: car le royaulme des cieulx leur appartient
La secōde est. benoistz soient les doulx & debonnaires
car ilz possideront la terre. La tierce est: benoistz soiēt
ceulx qui pleurent car ilz seront ꝯsoles. La quarte est
benoistz soiēt ceulx qui ont faim & soif de iustice: car le
roiaulme des cieulx est a eulx. La quīte benoistz soiēt
ceulx qui sōt misericordieux: car il leur sera faicte mi
sericorde. La sixiesme est benoistz soiēt ceulx qui sont
netz de cueur: car ilz verront dieu. Et la septiesme est
benoistz soiēt ceulx qui sont paisibles: car ilz serōt ap
pelles filz de dieu Nous demandōs aussi ꝑ lesdictes
vii. peticions estre deliures des vii. vices capitaulx et

pechez moꝛtelz ꝗ ſont ſelõ loꝛdꝛe des dictes peticiõs:lu
xure.auarice. pareſce.glotonnie.ire.oꝛgueil.et enuie.

Eſquelz ꝟertus.dons ꝗ beatitudes quant on les a
et les oeuures diceulx.et auſſi en euitant leſditz ꝟices
cõſiſte et apptient tout ce qui eſt requis a noſtre ſalut.

Car p la pꝛemiere peticion de ceſte oꝛoiſon ꝗ eſt(ſan
ctificetur nomẽ tuũ)Ceſt adire:ton nom ſoit ſãctifie.
nous demãdons en effect la ꝟertu de foy : a laꝗlle ap/
partiẽt de ſanctifier dieu en noſtre cueur.Demãdons
auſſi le don de crainte de dieu:de la ꝗlle pꝛocede la pre
miere beatitude ꝗ eſt pouꝛete deſpit.car p la craĩte cha
ſte ꝗ pouꝛete deſperit ꝗ encloſt humilite:on ſanctifie le
nom de dieu. Et ſi demãdons eſtre deliures et pꝛeſer
ues du peche de luxure:ꝗ eſt cõtraire a ſainctete et net
tete:car il ſoulle ꝗ fait oꝛt le coꝛps et lame. Et p la ſe
conde peticiõ ꝗ eſt(Adueniat regnũ tuũ)ceſt a dire tõ
ꝛoyaulme ꝟiẽgne en nous:nous demãdons a dieu la
ꝟertu deſperãce.a laꝗlle apptient de tendꝛe a auoir le
ꝛoyaulme des cieulx.ꝗ auſſi le don de pitie p leꝗl don
ſont faitz biẽ eureulx ceulx ꝗ ſont doulx begnis et de
bõnaires.ꝗ ne reſiſtent en riẽs a dieu. Lup demãdõs
auſſi eſtre deliures et pꝛeſerues du ꝟice dauarice/leꝗl
couuoite richeſſes terriẽnes:ꝗ ne ſauoure poĩt le ꝛoy/
aume de padis ne les richeſſes dicelluy.Mais p la ti
erce peticiõ p laꝗlle no⁹ demãdõs a dieu(fiat ꝟolũtaſ
tua)ceſt adire ta ꝟoulẽte ſoit faicte:no⁹ demãdons la
ꝟertu de charite ꝗ ſes opacions par laꝗlle no⁹ faiſõs
en toutes choſes la ꝟoulente de dieu:ꝗ auſſi demãdõs
le don de ſciẽce:par lequel nous recognoiſſons noz ꝑ/

pres defaultes τ pechez:et obtenons la tierce beatitu/
de qui est:bien eureux sont ceulx qui pleurēt et cetera.
Car dieu veult q̃ nous pleurons noz pechez Et si de
mādons estre deliures du peche de paresse leql empor
te negligence de epecuter la voulente de dieu:τ tristes/
se de faire bonnes euures.Par la quarte peticion qui
est(Panē nostruz quotidianū da nobis hodie) Cest a
dire dōne nous au iourduy nostre pain quotidian:no⁹
demādons a dieu la vertu de force. laquelle dōne con
fort en aduersites:ainsi cōme le pain reconforte lōme
qui a fain.Demādons aussi le don de force au q̃l app
tient la quarte beatitude q̃ est: bien eureux sont ceulx
qui ont fain et soif de iustice:par vne force τ conforta
cion de courage. Et par icelle no⁹demādōs estre pre
serues du vice de glotonnie:au q̃l il ne souffist pas da
uoir du pain. Par la quite peticion q̃ est.Dimitte no
bis debita nostra et cetera:nous demandons la vertu
de iustice par laquelle il appartient a vng chascū ren/
dre ce qui est sien:τ aussi le don de cōseil par lesquel les
hommes sont fais misericordieux τ pardonnent a au
truy les peches dont ilz les ont offenses afin que dieu
leur pardonne les leur. Et aussi demandons estre
deliures du peche de ire:lequel ne veult pardonner sa
rancune a cellup qui la offence Par la sipiesme pe
ticion qui est(Et ne nos inducas i tentationem)Cest
adire.Et ne nous permectz point estre vaincus de tē
tacion: nous lup demandons la vertu de prudence/a
laquelle il appartient escheuer toutes les tentacions
et aultres maulx aduenir/τ le don dentendemēt.Par

lequel sont bié eureulx ceulx qui sont netz de cueur/q̃
est chose contraire a estrevaincu de tentacion: qui pro
cede du cueur oit. Et par ce demandons estre preser
ues du peche dorgueil qui nos induit a tentacion.

Et par la vii.et derreniere peticion qui est(Sed li
bera nos a malo)cest adire mais deliure nous de mal
nous demandons auoit la vertu datrempance/et ses
apptenances:laquelle nous fait abstenir des maulx
presens (z modere noz passions enuers lesditz maulx
Demandons aussi le don de sapience/par laquelle ja
piece sont bien eureulx et appelles filz de dieu ceulx q̃
sõt paisibles:car estre deliurez de mal fait les hõmes
estre francz en liberte (z estre filz de dieu. Et par ceste
peticion nous demandons estre deliurez du vice dẽuie
Laquelle demande le mal daultruy:et donne tristesse
de son biẽ qui est chose contraire a estre deliure de mal
selon ceste peticion.   Et p ce que dit est/appert asses
que ceste oroison contient (z demande par sa fecondite
tout ce qui est possible de licitement demander.   De
laquelle fecondite et continence merueilleuse de ceste
oroison monseigneur sainct Augustin dit: que si nous
voulons droictement (z deuement faire priere par q̃lz
conques parolles autres que nous disons en quelcon
que autre oroison : nous ne disons aultre chose si non
ce qui est contenu en ceste mesme oroison dominicale.

De ce aussi parle vne glose en cest endroit disant
que nostre seigneur iesucrist a remply toute ceste belle
oroison de tãt de choses.Laquelle il a si abregee que on
la peut facillement retenir a sa memoire:q̃ il nest hõde

qui la puisse comprendre ne apperceuoir sans la gra/
ce du sainct esperit.

Le v.chapitre.Comment par le cõmancement de
ceste oroison est prinse ꝗ demõstree en moult de manie
res la beniuolẽce de dieu enuers nous:et est exposé ce
nom icy pater.

p   our entendre commẽt on prent ꝗ demõstre au
        cõmencement de ceste oroison la beniuolence
de dieu enuers nous. Il est a noter:que par quatre
pointz on prent et demonstre la beniuolence de dieu.

Premieremẽt de la partie de dieu quant on luy dit
pater/en lappellant pere. Secondemẽt de la ptie
de celluy qui prie:quant il dit noster.disãt ꝗ cest anoꝰ
mesmes ꝗl est pere   Tiercemẽt de la partie a ceulx
qui assistent auec dieu:quant on dit. Qui es ĩ celis en
disant quil est auec les sainctz:ꝗ ont bonne voulente
enuers nous. Et quartement de la partie de ce que
nous requerons en disant: Sãctificetur nomẽ tuum
Car noꝰ requerons chose moult hõneste/cestassauoir
que le nom de dieu soit sanctifie Ou on peult dire
aultremẽt.Cestassauoir que nous prenons ou demõ
strons la beniuolence de dieu en le commandãt et lou
ant. Premieremẽt de sa prudẽce quãt nous disons
pater.Car il appartiẽt au pere de pourueoir a ses en
fans Secondemẽt le commãdons de equite de iusti
ce quãt nous disons noster noster.cõe se nous disions
tu es commun prouiseur a tous sans acception de per
sonnes. Tiercement le commandons de estre im/
muable en disant(qui es)comme se nous disiõs tu as

estre et entite ferme:et immuable.   Et quartement
le commandons ou louons de bonne côpaignie eŋ di
ſant(iŋ celis)comme auɤ cieulɤ aiant côpaignie ce/
leſte.   Car leſquelles choſes deſſuſdictes nous eſt dô
nee merueilleuſe confiance de impetrer ce que demã/
dons:et meſmement par ſa grande pitie/charite ɑ mi
ſericorde de celluy que nous requerôs/ceſt dieu.Laql̃
le nous eſt demôſtree par ce quil ɓeult que lappellôs
pere(pater)ɑ pour la grãt familiarite ɑ largeſſe de ſe
donner a nous/ ainſi quil ʒdemonſtreɓers nous:eŋ di
ſant(noſter)noſtre.et de ſoŋ infinie puiſſance p quoɤ
il̃ nous peult aider quant nous diſons(qui es ĩ celis)
qui es auɤ cieulɤ/auſquelz ya haɓôdance de puiſſan
ce et de tous ɓiens   Premierement dôncques eŋ di/
ſant ceſte oroiſoŋ/nous prenous ou demonſtrôs la bô
neɓoulente ou ɓeniuolẽce que dieu a enuers nous eŋ
le inclinãtɓers nous/ou pour mieluɤ dire eŋ môſtrãt
ql̃ eſt tres encl̃ĩ a nous aider quãt no⁹ lappellôs pere.
   Noŋ pas quil ſoit pere eŋ ſa maniere des autres ſeu
lement: mais eſt pere pour troys trop plus eɤcellẽtes
raiſons Car premieremẽt il eſt pere par creaciô de tou
tes les creatures: et pareillemẽt p ꝓſeruacioŋ ɑ guber
nacioŋ.Secôdcm̃t il eſt pere de to⁹ les hômes p cômu
ne redẽpciô.car eŋ tãt quil a eſte de p luy:il a racheté
bons ɑ mauuais.Et tiercem̃t il eſt pere des bons ſeu
lement par adopcioŋ de grace et glorificatiô de gloire
Quãt dôncques no⁹ diſons a dieu(pater)pere: nous
deuons recorder q̃ nous luy preſentôs deuãt leſ yeulɤ
de ſa miſericorde. Premieremẽt quil ẽ pere de toutes

choſes p creaciō/cōſeruacion a gubernaciō. De quoy
il ē eſcript au b.liure de moyſe au xxxii.chapitre ey p
lant de dieu.ne eſſe pas dieu tō pere q̃ ta ꝯee:q̃ ta fait
a qui ta poſſide. Secōdemēt quil eſt pere de tous les
hōmes par redēpciō.De quoy il ē eſcript au tiers cha
pitre de leuangille ſaint iehay q̃ dieu a ey telle manie
re ayme le mōde: q̃ pour luy il a donne ſoy ſeul enfāt
affiy que tout homme qui ꝯoit ey luy ne periſſe point
ceſtaſſauoir ey pris de la redempcioy de lhōme. Tier
cemēt recolons et repreſentons a dieu quil eſt noſtre
pere par adopciō de grace a de gloire de quoy parle da
uid au pſeaulme diſāt:que dieu dōnera grace a gloire
   Et ſaint pol reſcript aux romains au biii.chapitre
Certainemēt bous naues pas pris de rechief leſperit
de ſeruitude ey crainte:mais aues priis leſperit de a/
dopcioy des enfans:au quel nous criōs a dieu ey lap
pellant pere.   Pere eſt auſſi nom damour a dilectiō
Pour quoy dit le docteur anſeaume q̃ p ce nom(pat)
la charite du pere eſt exitee.Et ſaint iehay criſoſtome
dit que dieu pour ce a plus boulu que no⁹lappellons
pere que ſeigneur: affiy quil nous dōnaſt plus grāt
fiance de impetrer a obtenir de luy ce que no⁹deſirons
car leſ ſeruiteurs ne ipetrēt pas touſiours du ſeigneur
ce q̃lz demandēt.Pour quoy dieu no⁹dit au bii.chapi
tre de leuangille ſaīt mathieu. Se bo⁹qui eſtes maul
uais ne dōneries iamais a boz enfans ſi noy biey:cō
biey deues bous plus croire q̃boſtre pere celeſte dōne/
ra des biēs a ceulx qui le requierent. Secondemēt ce
nom icy pere eſt nom de pitie.clemence et miſericorde.

car le pere est tousiours prest de recepuoir son enfant q̃
la offense a misericorde:pourueu q̃l se vueille amēder
Ainsi comme dieu monstre biē a leuāgille en la para/
bole du filz prodigue:et cōme il dit a lame pecheresse
au tiers chapitre de Jeremie en lup disāt.Tu as fait
fornicacion auecques plusieurs amys/cestassauoir:a
uecques le dyable/le monde/ɑ la chair par plusieurs
pechies q̃ font fornicacion espirituelle:mais retourne
a moy ɑ ie te receueray/cest assauoir par misericorde.

Tiercement pere est nom de prouision.car le pere
est tenu de pouruoir a ses enfans et les gouuerner/ɑ
mesmemēt silz sont saiges. Et pour ce dit le saige au
piiii.chapitre ou liure de sapiēce.O pere tu gouuernes
toutes choses. Quartement pere est nom de libera
lite.car les peres ne espergnēt riē pour leurs enfans/
et souentesfoiz ilz se desheritent pour leurs enfans:et
qui plus est seuffrent de grans tormēs pour eulp.par
quoy dit le saige parlāt du pere que pour les ames ou
leurs biēs de ses enfans il est prest de souffrir playes/
ou naureures. Et veritablemēt la grāt liberalite
ɑ magnificence de nostre bon pere dieu enuers nous a
este si grande que il nous a dōne le ciel auec ses estoil/
les et influēces.lair auec les opseaup.leaue auec les
poissons.la terre auec les bestes.les bles.les herbes/
les arbres : et les fruictz.le corps/et lame auec leurs
puissances/forces et vert9.ses saictz anges pour no9
ministrer:seruir ɑ adresser a nostre salut.sō chier ɑ seul
enfant soubz grant multitude de tresgriefz tormēs.et
son saint esperit auec to9 ses dons. il nous dōne aussi

chascū iour les biens de nature. les biens tēporelz ⁊ de
fortune:et les biens de grace en grant abōdance sans
no⁹ en riē reprouchier gratis ⁊ sans en demander recō
pense. Et si nous inuite:cōtrainct ⁊ cōmande q̃ nous
luy en demādōs ainsi q̃l est escript au ri. chapitre de le
uangeliste sainct luc:demandes ⁊ Bo⁹ aures ⁊ cetera.
par quoy apparoist asses q̃l ē prest ⁊ appareille de no⁹
dōner autres choses le tēps aduenir. et aussi appert q̃
il a ordōne q̃ au cōmencemēt de ceste oroison nous lap/
pellons pere.   Premieremēt affin q̃ en considerant p
ce nom/et aiant foy de lamour. pitie. clemence. miseri
corde. prouidence. liberalite/⁊ magnificēce de luy:no⁹
luy demādons ce q̃l nous est profitable ⁊ salutaire en
ferme cōfidence:q̃ nous lobtendron   Pour quoy dit
sainct bernard. Loroison q̃ est adoulcie p le nō de pere
me dōne confiāce de impetrer tout ce que ie demande
Secondemēt a Boulu estre appelle pere affin q̃ no⁹
christiens ōsiderons q̃l nous a fait plus grāt grace q̃l
na fait aux anciens:lesq̃lz ne lappelloiēt point pere:
mais seigneur. Car les prophetes disoient le seigneur
cōmāde ⁊c:mais il no⁹a cōmande a nous ppiens que
quant nous faisons oroison no⁹lappellons pe. Pour
quoy dit salct augustin que on ne list point en lancien
testament q̃ iamais dieu apt cōmande q̃ en oroisō on
lappelle pere:mais seigneur   Et cecy est fait pour de
monstrer q̃ il est pere par singuliere dilectiō ⁊ adopciō
dentre nous christiens p le moyen de iesuchrist. Et en
signe de ce quāt saicte eglise dit chascū iour a la messe
la patenostre en appellant dieu pere:elle dit ainsi. no⁹

admonnestes de cõmandemẽs salutaires ꝗ informes
deła diuine institucioꞃ osons dire(pater noster)ꞇ cete
ra.Cõme se elle disoit: quelle ne oseroit appeller dieu
soꞃ pere: se il ne łauoit cõmande par sa grande grace
    Tiercement.affiꞃ que no⁹ ayons licẽce.ꞇ aussi cõ
fiance de luy demãder.ꞇ impetrer toutes choses licites
    Pour quoy dit sainct augustiꞃ.quelle chose peult
dieu denier a nous ses enfans quant nous łuy demã
dons:puis quil nous a desia dõne quil est nostre pere.
    Quartement affiꞃ que ne craignos a perdre la
grace de adopcioꞃ quil nous a dõnee:se ce nest par no
stre coulpe/car lheritage du pere est deu aux enfans.
Ainsi que dit sainct pol au huitiesme chapitre de sepi/
stre aux romains.Seꝟous estes filz:ꝟous estes heri
tiers de dieu ꞇ coheritiers de iesuchrist. Sełoꞃ łesꝗlles
raisons dessusdictes quant nous appellons dieu pere
cest autãt comme se łuy disons:puis sire ꝗ par ta sou/
ueraine beniuolẽce tu as cõmande ꝗ eꞃ nostre oroisõ
nous te apppellõs pere pour les raisons dessusdictes:
tu doibs a ta bonte que tu nous exaulces eꞃ ce ꝗ te de
mandons raisonnablemẽt ꝑ ceste oroisoꞃ:et ne peulx
nous denier eꞃ tãt que a toy est ce ꝗ nous te demãdõs
iustemẽt pourueu ꝗ ta łoy demeure eꞃ sa ꝟigueur/ car
tu es immuable.et se autremẽt fais:cest par ce ꝗ nouſ
ꝑ mettons empeschemẽt.   Et pour ce le deuons ap/
peller pere eꞃ grãde reuerẽce/humilite/foy/crainte fi
liałle.   Nous deuons aussi penser quant nous łapel
łons pere que nous protestons estre ses enfans.Pour
quoy nous deuõs efforcer destre telz ꝑ ceuures ꞇ bõneſ
c.i

meurs côe il appartiêt aux enfans de vng si excellêt
pere.Car nous voyons q̃ autremêt vit vng aigneau:
autremêt vng louueteau/ɛ autrement vng lyôneau
ɛ aussi des autres bestes:pour ce q̃ vng moutoȵ/vng
lou ɛ vng lyȏ q̃ sont leurs peres:sont dautres meurs
lung q̃ lautre: ɛ chascū deulx ensuit les meurs de soȵ
pere.   Il a doncq̃s voulu q̃ au cȏmancemêt de nostre
oroisoȵ no⁹ appellons pere:affiȵ q̃ luy facons côe bȏ
enfant doit faire a soȵ pere leq̃l luy doit premieremêt
amour:affiȵ q̃ nous laymons ɛ le seruons.nȏ pas de
crainte seruille:mais filiale.Pour quoy dit sainct au
gustiȵ.q̃lle chose doit estre au filz plus chiere/ne plus
aymee q̃ sȏ pere: Se de rechief dit chascū doit aymer
cellup q̃ la engendre:mais il doit trop plus aymer cel
luy qui la cree.Et nȏ pas sãs cause.car nous aymȏs
cellup qui nous a engêdres:pour ce que no⁹ auons de
luy tant seulement ɛ pȼialemêt estre ɛ nourrissement
corporel:mais no⁹ auons de dieu qui no⁹ a cree tout:ɛ
corps ɛ ame ɛ estre.ɛ generalemêt to⁹ les biês de natu
re/de fortune ɛ de grace:ɛ no⁹ gouuerne eȵ iceulx.Se
côdemêt eȵ lapelãt pere no⁹ gardȏs de loffêser:car il a
sur no⁹ paternelle dominaciȏ.A quoy il no⁹ admȏneste
au p̃mier chapitre de malachie disãt Se ie suis vostre
pere:ou est lamour q̃ aues a moy: Se ie suis vostre sei
gneur:ou est la crainte q̃ aues enuers moy: Tier
cement lappellons pere:affiȵ q̃ nous gardons de soul
lier nostre ame q̃ ne soyons indignes dauoir tel pere.
    De quoy dit saint bernard.iay grant vergongne de
auoir vescu filz de si noble pere:et auoir este de meurs

a luy côtraire Quartemêt affin que luy portôs pluſ
ſoulêtiers hôneur.car il eſt eſcript au pp.chapitre de
epode. hônore pere ꝺ mere:affin q̃ viues longuement
ſur ſa terre. Quintement affin q̃ nous lenſupuons
pour quoy eſcript ſaint pol aup epheſiês au b. chapi
tre ſoyes imitateurs de dieu côme treſchiers enfanſ
   Et le deuôs enſuiure p̃mieremêt en ſainctete:ainſi
quil no9 admôneſte au pi. chapitre de leuitique.ſoies
ſainctz ainſi côme ie ſuis ſainct.Secondemêt ꝺ tierce
mêt en benignite ꝺ humilite ainſi q̃l nous admôneſte
en lonzieſme chapitre de leuuangille ſaît mathieu di
ſât.Apzenes de mop car ie ſuis doulp ꝺ hûble de cuer.
ꝺ pareillemêt le deuons enſuiure aup auttes belles p
fections ſelon noſtre capacite. Pour quoy dit ſainct
iehan criſoſtome.puis q̃ no9auôs de dieu ſi grant don
de grace q̃ ne ſômes pas ſeulemt ſes ſeruiteurs mais
ſes enfans:nous deuons faire ꝺ côuerſer côme ſes en
fans.Et monſtrer p oeuure ꝺ côuerſaciô eſpeciale q̃
ſommes telz côme nous diſons Et icy dit richart de
ſaint victor q̃ ceulp ne ſont pas enfans de dieu:q̃ ont
perdu la grace de dieu ꝺ ſôt en peche moztel:mais ſont
enfãs du dpable/ceſt aſſauoir par imitaciô : car il les
a engendzes ꝺ nourris par coulpe et par peche pour
quoy leur dit dieu ou biii.chapitre de ſainct iehan.vo9
eſtes du dpable côe devoſtre pere. Et gregoire nicene
dit ſur ce mot(pater) Toy q̃ dis pater noſter côſidere
q̃lle p̃paraciô eſt a toy requiſe affin q̃ tu puiſſes hardi
mêt appeller dieu ton pere. car ſe ton affection ſe arre
ſte aup choſes mondaines:ou ſe tu es ãbicieup de gloi

re humaine:ou se tu quiers lorde plaisãce de tõ appe
tit sẽsitif eŋ disant ceste oroisoŋ:il me semble q̃ ie oys
dieu q̃ te dit eŋ ceste maniere. O hõme ꝗ femme q̃ es de
vie corrũpue me oses tu biẽ apeller pere: ꝗ suis acteur
de toute icorruptibilite.pour quoy scelles tu p ta voiy
puante mõ nom incorruptible? Se iay cõmande q̃ tu
mappelles pere:ie ne tay pas pourtãt octroie q̃ tu me
dies mẽsonges. Mais les parolles dessusdictes sont
a entendre cõtre ceuly ꝗ ayment choses mondaines ꝗ
le desirent:eŋ froissant les cõmandemẽs de dieu pour
icelles ꝗ y mettent leur fiŋ.   Par ce q̃ dit est appert q̃
par ce q̃ appellõs dieu pere:nous sommes instruictz
de ce q̃ deuons croire de luy:cestassauoir les proprietes
dessusdictes du bon pere ꝗ de ce q̃ deuõs faire:cestassa
uoir ce q̃ bons enfans dũg tel pere doiuent faire/et de
nostre noblesse et autres choses dessusdictes.

Le vi.chapitre ꝗ epposicioŋ de ce mot icy noster

Second emẽt nous prenons ꝗ demõstrons par
ceste oroisoŋ la beniuolence de dieu enuers no⁹
de la partie de dieu que nous prions eŋ confessant sa
grande equitr ou egalite de iustice ꝗ epprimãt sa grãt
familiarite et amour enuers nous:quãt nous disons
(noster)ainsi ꝗl est dessusdit. Ou aultremẽt et plus
propremment de la ptie de entre nous quãt nous disonſ
quil est nostre(noster)noŋ point myeŋ. car propremẽt
il cõuient seulemẽt a iesucrist a luy dire moŋ pe:pour
ce q̃ luy seul est filz naturel de dieu. Et eŋ disant q̃l ẽ
nostre nous signifiõſ q̃ nostre ame se estend p dilectiõ
nõ pas seulemt enuers luy:mais enuers trois manie

res de creatures. Premieremēt ēuers nature pureme̅t
espirituelle/cest enuers les anges. Secōdeme̅t enuers
nature humaine. Tiercemēt enuers creature irraisō
nable pour laquelle amour dieu a beniuolēce enuers
nous.   Premieremēt dont quāt nous disons nostre
pere nous demōstrons que nostre ame se estend ꝗ dila
te a aymer tous les anges cōme noz freres:ꝗ estās en
fans de dieu cōme nous. Car cōme dit iob au premier
chapitre. Vng iour que les enfās de dieu/cest adire les
bons anges assisterent deuāt dieu ꝗ ētre eulp se trou/
ua sathay ꝛc.   Et de tant que nostre amour se estend
plus a eulp:nostre oroison en est plus boulentiers de
dieu epaulcee/ainsi q̇l apperra si apres. Et si sont par
ce plus inclis a nous secourir par leurs oroisons/gar
de et ministere : desꝗlz depend pour grāt partie nostre
salut ꝗ lepaudicion que nous demādōs Par ce aussi
ꝗ les appellons freres sommes admōnestes de ne fai
re quelque chose bile et deshonneste deuant eulp pour
leur reuerence. Car ilz sont noz gardes/ ꝗ de tēdre par
desirs celestes a ensuiuir leur purite:et cōtempner les
choses terriennes Secondement quāt disons a dieu
(noster)q̇l est nostre pere:nous protestōs ꝗ nostre ame
se dilate ꝗ eslargist par charite enuers tous les hōmes
du monde:affin ꝗ par ce moien acomplissiōs le cōmā
demēt de double charite/cest assauoir ēuers dieu quāt
lappellons pere(pater) ꝗ enuers nostre prꝏchaī quāt
nous disons nostre.et nō pas seulemēt myen:car aīsi
quil est escript au xxii.chapitre de leuangillr saīct ma
thieu toute sa loy et tous les dictz des prophetes y est

c.iii.

acomplye par ces cõmandemens:et quant auons ce/
ste charite enuers nostre prouchaï nostre oroisõ en est
trop plus aisee a epaulcer.   Pourquoy dit saint iehã
crisostome.Dieu oyt moult boulentiers ong christien
quant il se prie non pas seulemẽt pour soy:mais pour
les aultres. Prier pour soy cest chose naturelle:prier
pour autruy cest chose de grace.A prier pour soy neces
site cõtrainct:a prier pour aultruy charite no⁹ estraït
Mais loroison qui se fait a dieu par fraternelle cha/
rite: est trop plus doulce deuant dieu que celle qui ce
fait par necessite.   Et saint Jaques au ß.chapitre
de son epistre nous admonneste disant:Se bous bou
les estre saulues:pries lung pour lautre.   Et pour
ceste cause a boulu le tresdoulp iesus amy de paip que
oroison se face/non pas seullement pour cellup q̃ prie:
mais generalemẽt pour to⁹/ainsi q̃l apparoist par les
derrenieres peticions de ceste oroison.   Car cõme dit
saint gregoire au ß.liure de ses moralles.de tant que
ong hõme se efforce plus de prier pour aultruy:de tãt
il secourt plus soymesmes p charite. q dessert estre pl⁹
tost epaulce dautant q̃l prie plus deuotemẽt pour les
aultres.Et a ceste intenciõ dit le psalmiste dauid.mõ
oroison sera cõuertie dedãs mon sein Et p ce q̃ acom
paignõs aultruy en oroisõ:orgueil est reprouue qui de
mãde singularite q auarice:q̃ beult seul auoir ses biẽs
et hayne de son prochain.Par ce aussi que faisõs oroi/
sons en plurier: nous sommes plus bolẽtiers de dieu
epaulcees. Car cõe dit saint ambroise il est impossible
grãs prieres faictes de plusieurs ne soiẽt epaulcees

Et pour ce il est escript au huittiesme chapitre de saint
mathieu. Se deux de vous sont cõsentãs sur la terre
de q̃lcõque chose q̃ ilz demãdẽt:il leur sera fait ou nõ
de mõ pere q̃ est es cieulx.　Mais nous deuõs aduer
tir ainsi cõe dit saint augustiñ ⁊ plusieurs aultres do⸗
cteurs q̃ nul ne peut dire veritablement a dieu (Pater
noster)et le appeller nostre pere: se ilz ne veulẽt auoir
amour cõcorde ⁊ ⸝passiõ ⁊ dõner aide a tous hões Et
pour ce dieu a ordõne q̃ no⁹luy disõs en plurier nõbre
nostre pere. Premieremẽt afĩ q̃ no⁹aymons lũg lautre
cõe freres ⁊ enfãs dũg mesme pere. pourquoy dit saĩt
pierre au secõd chapitre de sa ⸝miere epistre a vng cha
cũ de no⁹:aymes fraternite. Et saĩt iehã au tiers cha
pitre de sa ⸝miere epistre dit:q̃ tout hõe q̃ hait son frere
il est homicide.　Secondemẽt q̃ ayons cõpassion lũg
de lautre en noz aduersites aĩsi q̃l est escript au ⸝xliiii.
chapitre de genese de ioseph:q̃ quãt il vit son frere:tou
tes ses entrailles ⁊ sõ cueur furẽt esmeuz a pitie/cest
assauoir a cõpassiõ.　Tiercemẽt afĩ q̃ secourõs a vng
chascũ en sa misere ⁊ necessite.Et pour ce dit saĩt iehã
au tiers chapitre de sa premiere espitre/ q̃ lhõme q̃ a la
substãce ou lauoir de ce mõde ⁊ voit son frere auoir ne
cessite/⁊ clost sa misericorde enuers luy: cõe est il possi
ble dit il q̃ la charite de dieu demeure en luy⸝　Quar
tement q̃ aions cõcorde les vngs auec les autres.aĩsi
q̃l ẽ escript au ⸝xiii.chapitre de genese de abrahã ⁊ loth
disãs lung a lautre : ie te prie q̃l ny ait poĩt de discord
ou noise entre nous car nous sõmes freres.　Quinte
mẽt p ce nous sõmes admõnestes/ainsi cõme dit saĩt

c iiii.

Auguſtin/ceſtaſſauoir q̃ cellup q̃ eſt noble et riche et a
autres pfectiõs:ne ſop en orguilliſſe ne eſleue alencõ
tre des poures ꝑ des petites gẽs:ꝑ q̃ il ne les deſpriſe.
Et de ce dit lapoſtre en plant aḃng chaſcũ.pourquop
deſpriſes tu ton frere.   Et de toutes les choſes deſſuſ
dictes ſaint iehan criſoſtome dit q̃ p ces motz icp(pa
ter noſter)dieu deſtruit toutes haines et inimities/re
prime tout orgueil/deprime toute ẽuie:ꝑ introduit cha
rite:q̃ eſt mere de tous bĩẽs.chace ꝑ deboute toute ĩega
lite ꝑ inequite:ꝑ demõſtre merueilleuſe equalite dhon
neur et amour entre le rop et entre le poure homme.
Le pii.chapitre. Expoſiciõ de ceſte ꝑtie q̃ es in celis.
   t   Sercemẽt nous prenons ꝑ demõſtrons la beni
             uolẽce de dieu de la ꝑtie de ſa pſõne quãt nous
diſons(qui es)en quop demonſtrõs ſõ immutabilite.
ꝑ quil a eſtre pmanẽt/ou de la ꝑtie de ſa bõne et noble
cõpaignie q̃lup aſſiſte:en demonſtrant ſa ſouueraine
puiſſance quãt nous diſõs(q̃ es ĩ celis) ceſt a dire qui
es es cieulp.nõ pas ſeulemẽt en la maniere generale
en laq̃lle tu es en toute creature/ceſtaſſauoir p eſſẽce
par preſence/ꝑ p puiſſãce:mais auſſi en maniere eſpe
ciale p effectz treſepcellens. Ce neſt pas auſſi adire q̃
dieu ſoit detenu es cieulp ou ẽ autreſ choſeſ:mais pour
demõſtrer ſa haulteſſe et epcellence ſur toutes choſes
ainſi cõe les cieulp ſont haulp ꝑ epcellẽs p deſſus tou
tes creatures corporelles/ceſtaſſauoir en trois manie
res de cieulp.de nature/de grace ꝑ de gloire.   Car pre
mieremẽt il eſt es cieulp de nature:ceſt adire es cieulp
corporelz:affin que p leur haulteſſe p leur mouuemẽt:

p leur lumiere ⁊ p leur influence nous esleuds nostre
entendemẽt a cõsiderer la haultesse puissance/pfectiõ
et noblesse de dieu q̃ les a faiz. Car ce q̃ les cieulx ont
leur action icy embas:et nous produisẽt abondãce de
biẽs p leur grant vertu:monumẽt.lumiere/⁊ influen
ce:tout leur est dõne de dieu. Ainsi cõe dit saint iaques
au premier chapitre de sõ epistre disant q̃ tout dõ q̃ est
tresbõ ⁊ pfait descẽd denhault du pere de lumiere cest
adire de dieu. Secondemẽt est a exposer(q̃ es i celis)
cest adire:q̃ dieu,ẽ aux cieulx de grace ce sont les saitz
⁊ iustes ausquelz il habite et est   Premierement par
foy.Et de ceste maniere parle salt pol au tiers chapi
tre de son epitre aux ephesiens disant que dieu doit ha
biter en noz cueurs par foy   Secondement par dile
ction ou charite. De quoy parle saint iehan au quart
chapitre de sa premiere epistre disant. que dieu est cha
rite:et q̃ demeure en charite demeure en dieu et dieu en
luy.   Tiercement par lacompssissement de ses com
mandemens. Pourquoy dit dieu au xiiii.chapitre de
leuangille sainct Iehan:sil ya aucun qui me ayme/il
gardera ma parolle ou mes commandemens ⁊ nous
vendrons a luy:et demourerõs auecques luy.   Tier
cement se peult exposer des cieulx de gloire/cest adire
des bien eureux en paradis.car il est premieremnet en
eux.cestassauoir en leur entendement par clere visiõ.
Secondement en leur memoire et voulẽte par ferme
intencion/et en leur voulente et affection par consom
mee amour/fruiction:⁊ souueraine delectacion. De
quoy dieu ple au pl vi.chapitre de ysaie disant. Ie don

neray a syon(cest a dire aux biē eureulx)saluacion et
ma gloire a hierusalē/cest adire a leglise triumphāte.
Et ainsi comme dit la glose/ce nest pas sans ray/
son que les iustes sont icy appelles cieulx.car ilz sont
comme les cieulx eslonguez des choses tetrienes par
affectiō.sont adoines des estoilles ou lumiere de ver/
tus/ꝗ dons espirituelz.ilz se meuuent par mouuemēt
circulier comme les cieulx:en se retournant par hum
ble consideracion de leur humble et pouure fragillite
par dessus eulx.et si donnēt comme les cieulx icy bas
sur nous leur influence:ꝗ ont donne par leur predica
cion:et doctrine/par exemple de vertus/ et par leurs
oroisons ꝗ suffrages. desquelz cieulx peut estre enten
du ce ꝙ dit le psalmiste dauid ꝗ les cieulx/cest adire les
sainctz narrent et manifestent la gloire de dieu.
Quartement aucuns docteurs exposēt qui es aux
cieulx/cest adire aux escriptures:ꝑ lesquelles il nous
pmet entre autres choses ꝙl noꝰexaulcera ꝑ oroisons
Ainsi ꝙl est escript au xxix.chapitre de Jeremie au ꝙl
il dit.Vous mappelleres ꝗ me feres oroison:et ie vous
exaulceray. Pourquoy dit sainct hieroisme que iesu
crist estoit muce en la lettre du biel testamt iusques a
ce ꝙl en soit pssu deuāt noz peulx par son incarnacion
Quāt donques noꝰdisōs(qui es ĩ celis)qui es aux
cieulx en la maniere dessus declaree/ cest autāt adire
cōe se luy disiōs. ꝑe tu as dōne aux iustes ꝗ aux saĩtz
ta grace ꝗ ta gloire.tu as aussi dōne aux cieulx corpo
relz ꝙ ilz acōplissent infaliblemēt ta loy ꝗ les cōman
demēs ꝙ leur as faiz/ꝗ ꝙ ilz puiennēt finablemt a la

fin a la qlle tu les as ordōnes:et touteffois ilz ne sont
pas de si grāt dignite cōme no⁹ sōmes: car ilz nę sont
pas faiz a tō image cōe no⁹ Dōne no⁹dōcqz grace da
cōplir ta loy (z de puenir a fin de beatitude:a laqlle tu
no⁹as ordōnez:selō les peticiōs cōtenues en ceste oroi/
sō.(z mesmes puis q̄ no⁹ sōmes tes enfās aīsi cōe sont
les saītz (z iustes (z q̄ sōmes pl⁹pfaiz q̄ les cieulx mate
rielz:attēdu aussi q̄ tu as pmis aīsi le faire (z ta saīcte
escripture cōe dit est.car no⁹cognoissons q̄ tu le peulx
faire veu que tu as fait si grās choses aux cieulx des/
sussoitz Et certainemēt en disant q̇l a fait ce q̄ dit est
aux cieulx dessusditz nous faisons cōe le petit enfāt
q̄ demāde a mägier a sa mere quant il luy voit ouurir
la huche au pain.(z cōme le poure au riche:quāt il luy
voyt mettre sa main a sa bourse Cōe se nous disios
a dieu: nostre pere tu as abōdance de tout biē ainsi cō
me apceuons p ce q̄ donnes aux cieulx dessusditz:(z y
ce tu nous en peulz dōner:(z si le dois faire ainsi cōmę
le pere aux enfās Il nous est aussi dōne grāde espe
rance quāt nous disons quil est aux cieulx/cest adire
aux saītz:car ilz ont acoustume de prier dieu pour no⁹
et le peuent et doiuent faire.entre lesq̄lz est la tresglo/
rieuse virge marie mere de misericorde qui est mere de
dieu (z nostre mere Mais aussi nous deuōs penser q̄
par ce q̄ disons dieu estre aux cieulx (z aux saintz: no⁹
sommes incites a faire oeuures semblables cōme ont
fait les saintz pour puenir aux cieulx Secondemēt
deuons estre incites a faire oroisō celeemēt et secrete
ment:cest adire q̄ deuons demāder principalemēt les

biēs celestes p̄ oꝛoisõ:ꝗ nõ point a ostētacioŋ ne vaine
gloire   Tiercement a viure espiritellement eŋ desirs
celestes. Cõme escript saint pol aux philippenses au
tiers chapitre disant: nostre ꝯuersacioŋ est aux cieulx

Et quintemēt oŋ peult exposer plus haultemēt (ꝗ
es iŋ celis)qui es aux cieulx:cest adire qui es aux tres
haultes ꝗ tresparfaictes pꝛopꝛietes de ta nature ꝗ sõt
celees ꝗ incõpꝛehensibles a toute creature. Par les ꝗl
les tu no⁹ peulz donner tout ce que no⁹demandons,

Le viii chapitre de la continēce ꝗ fecondite de ce
ste oꝛoisoŋ ꝗ des vii,peticiõs dicelle.Et premierement
de lexposicioŋ de la premiete peticion/cestassauoir(sã
ctificetur nomeŋ tuum)

t   Sercemēt eŋ ceste oꝛoisoŋ tressacree pꝛincipale
ment est a considerer sa fecõdite cest adire les
grās misteres ꝗlle contiēt apꝛes ce ꝗl a este declaꝛe cy
dessus sa dignite ꝗ beniuolence.Et cõbieŋ ꝗ cy dessus
ait este ple de ceste ꝯtinēce ꝗ fecõdite eŋ sõme ꝗ eŋ gꝛos
toutesfois les peticions ꝗ demãdes cõtenues eŋ icelle
peuēt estre plus pticulieremēt ainsi distinguees.Cest
assauoir:ꝗ les troys pꝛemieres peticions dicelle oꝛdõ/
nent nostre ame enuers dieu pour ce ꝗlz sont des biēs
eternelz ou espirituelz ꝗ õt dieu pour leu obiect ou fi

Et les quattre derniers de apꝛes ꝗ cõmãcent a(pa
në nostruz quotidianũ)ꝛc:regardēt les deffaultes de
lhõme.   Les trois pꝛemiers oꝛdonnēt lhõme enuers
dieu.Pꝛemieremēt p̄ grace. Secondemt p̄ gloire.Par
grace.car p̄ gꝛace lame ē oꝛdõnee enuers dieu eŋ trois
manieres.Pꝛemieremt p̄ foy quant on la eŋ soŋ entē/

demēt. Secondemēt par espance quant a sõ appetit
irascible. Tiercemēt p charite quant a son appetit cõ
cupiscible. Par la premiere peticion de laquelle par/
lerons icy: nostre ame est ordonnee vers dieu par foy
quant a son entendemēt, lequel ordre nous demãdõs
quant nous disons (sanctificetur nomē tuum) tõ nõ
soit sanctifie, car nom signifie notificacion rendõ ee:
congnoissance/α manifestacion de la sanctite de dieu
quelle chose se fait en nostre entendemēt par foy. Pour
ce demande Richart de saint Victor comme il soit plu/
sieurs noms de dieu: du quel nous demandõs sãctifi/
cacion quant luy disons ton nom soit sanctifie: Et il
respond que icy p le nom de dieu est entendu la foy de
dieu par laquelle dieu est cõgneu aux crestiens. Et
pour entendre que cest que sanctite ou saintete le salt
docteur salct Thomas dit, que sanctite signifie deux
choses. Premieremēt signifie purite α nectete, car salt
vault autãt adire comme sans terre ou sãs chose ter/
riēne: pour ce que terre meslee a autres choses les fait
impures et ordes Et pour ce que les choses polues
et ordes estoiēt faictes pures en lanciēne loy quãt on
les arrousoit de sang/α que ce qui est dedye a dieu doit
estre pur et nect: en ceste mesme glorificacion de puri/
te saincte vault autant a dire en bng sēs comme tait
en sang/ou dedye a dieu. Secondement sanctite
signifie fermete. Et p ce dit on que les choses sõt sain
ctes qui sont fermes par la loy Et selon lesdictes
deux significacions les hommes iustes sont appelles

sainctz:pour ce quilz sont purs sans peche et affectiõ
terrienne. Sont aussi tains et nestoies ou sang de la
passion de nostre saulueur iesucrist:ɾ dediees et ordon
nes a dieu ɾ a son seruice. et pour ce quilz sont fermes
en dieu et a faire sa voulente sa loy et ses commande
mens.   Or a la saintete de dieu purite ɾ fermete ap
partient tout ce qui cõuient a lunite de son essence ɾ a
la trinite des psonnes/Cestassauoir que dieu est vne
entite simple sans cõposiciõ de souueraine perfectiõ
qui contiẽt par supeminence les pfections de toutes
creatures et est si infinimẽt pfait:ꝗ luy seul est ꝑ tout
ɾ en toutes choses.Que il est souuerainemẽt bon Imu
able/eternel/et de souueraine vnite:que il cõgnoist et
voit toutes choses par son essence et souueraine sapiẽ
ce.ꝗ il est verite et vie:et en qui toutes choses viuent et
a frãc arbitre.Que il est cause premiere de toutes choses par sa sapience infinie/ sa voulẽte ɾ franc arbitre
ꝗ il ayme soy ɾ ses creatures.ꝗl ẽ iuste misericordieup
de souuerainne prudẽce/souuerainemẽt omnipotẽt ɾ
bien eureup.Que aussi quãt a la trinite des psonnes
par sa trespfaite et infinie sapience verite et amour le
pere engendre ɾ produit le filz/et le pere ɾ le filz ꝑ leur
souuerainne amour spirent le saint esperit.Que ꝑ sa
souueraine bonte magnificẽce/sapience ɾ oĩpotẽce il
a cõmunique ses pfections aup creatures en les pro-
duisãt:ɾ de puis ꝗl les a produictez il les cõserue ɾ gar
de ɾ gouuerne en les menant a leurs fins ꝑ moyens
conuenables: et mesmemẽt et tressingulieremẽt lhõme. Leꝗl par sa desmesure et inestimable charite:il a
rachate en se faisãt hõme cõme ꝑ le mystere de son in-

carnacion et de sa passion. Que se dieu ne causoit cõ
seruoit ⁊ gouuernoit les creatures:ilz seroiẽt anichile
es ⁊ ne pourroient auoir q̃lcõque biẽ ne euiter quecõ/
que mal se ce nest q̃l le dõne/ou le face euiter. Par les
choses dessusdictes appert q̃lle chose est a entẽdre par
le nom de dieu:et quelle chose appartient a sa sanctite
de luy et de son nom. Quant donques nous prions
demandons ⁊ desirons par la premiere peticiõ q̃ son
nom soit sanctifie: nous ne demandõs pas q̃ il aduiẽ
gne a dieu de nouueau p̃ nostre priere aucune sãctite
purete ne fermete.car il est impossiβle pour ce q̃l est to
talemẽt immuable et a eñ son eternite toute sa sancti
te.Mais nous demãdõs que sa sãctite reluise eñ no⁹
⁊ que no⁹ cognoissons sa sanctite/et ce q̃ appartient a
icelle cõme dit est ⁊ q̃ de ce nous luy dõnons gloire.car
gloire nest aultre chose si nõ clere cognoissance des p̃/
fections daucuñ ⁊ de celuy donner louẽge Et cõme
dit Richart de saint Victor. quãt nous requerons que
son nom soit sanctifie:cest adire q̃ sa sanctite ⁊ ce q̃ap
partient a icelle soit congneu ⁊ manifeste ⁊ glorifie p̃
foy aux cueurs des payẽs ausq̃lz il nest pas encores
sãctifie ne cõgneu p̃ foy.aux cueurs des iuifz:ausq̃lz
il nest pas encores sanctifie ne manifeste p̃ confirma
ciõ de foy.aux cueurs des mauuais p̃piens:ausquelz
il nest pas encores sãctifie p̃ dilectiõ et charite.et aux
cueurs des bons cristiens ausquelz il peult estre plus
pfaictement ⁊ excellentement sanctifie par plus grã
de cõfirmaciõ de foy/amour ⁊ charite de son prochain
    Et selon ceste maniere icy il est sanctifie ⁊ eñ ceste

vie mortelle cõme dit est par foy:par laqͫlle nous le cõ
gnoiſſons ꜧ ce qui appartient a ſa ſanctite.   Mais
ceſte ſanctificaciõ peut eſtre faicte p foy eꜩ trois ma
nieres.Premieremẽt eꜩ noſtre entẽdemẽt ſeulemẽt eꜩ
cõgnoiſſant ſa dicte ſanctite ꜧ lexprimant p parolles
    Secondement eꜩ eſtendant ꜧ deriuant ceſte foy iuſ/
ques a faire bõnes opacions par deḣors   Tiercemẽt
eꜩ leſtendant iuſques a ledificaciõ de noſtre prochaiꜩ
ꜧ que tout ce ꝗ dit ẽ ſe face a la gloire et ḣõneur de dieu
    Et quant ala premiere maniere de expoſer/ceſtaſſa
uoir toꜩ nom ſoit ſanctifie eꜩ noſtre entendeṁt p con
gnoiſſance de foy et expreſſioꜩ de polles ſe peut ainſi
expoſer/ceſtaſſauoir cõme ſe nous diſions(ſanctifice
tur nomẽ tuũ)tõ nom ſoit ſanctifie/ceſt adire: donne
nous a entendre et croire par lumiere de foy/ꜧ a exprí
mer deument p parolles ta ſouueraine ſãctite/purete
et fermete tant ꝗ cõgnoiſſons ꝗ tu es ꝟne entite intel
lectuelle de ſouueraine ꜧ infinie pfectioꜩ. bonte.ſapi/
ence.miſericorde.prouidẽce.puiſſãce beatitude ꜧ auſſi
des autres pfections deſſuſdictes ꝗ apptiennent a lu
nite de leſſẽce diuine ꜧ trinite des pſonnes tãt eꜩ ſoy
cõme au regard de nous:ꜧ no⁹donne ſire ceſte pfaicte
cõgnoiſſance et creãce affiꜩ ꝗ eꜩ toy ainſi cõgnoiſſãt
ꜧ croyant pfectemẽt nous te manifeſtons/glorifions
et ḣonorons: affiꜩ auſſi ꝗ nous te dõnons ꜧ atribuõs
empire ꝟertu.clarte.amour de amytie.adoraciõ ꜧ acti
oꜩ de graces.   Et affiꜩ que ie die tout eꜩ ſommaire
bõne nous ꝗ nous te atribuons ioieuſemẽt tout ce qui
appartiẽt a ta ſanctite.purite.fermete.pfectiõ/gloire/

et hōneur.   Et ceste maniere de expoſer eſt cōſoſte a
ſexpoſicion de ſaint Auguſtin, expoſant: tō nom ſoit
ſanctifie, q ceſt adire: ſoit cōgneu ⁊ creu q̀l neſt riē pſ9
ſaint que toy. La ſeconde maniere deⱳpoſer(ſanctifi
cetur nomen tuū)ton nom ſoit ſanctifie:eſt telle, q̃ nō
pas ſeullemēt la ꝯgnoiſſance de ta ſanctite demeure
ꝑ foy en noſtre entendemēt:mais q̃ ceſte foy ⁊ cōgnoiſ
ſance ſe eſtēde a faire bōne opaciō ſelō ta voulēte ⁊ cō
mandemēt.Car cōe dit ſainct Jaques au ſecōd chapi
tre de ſa canonicq̃:foy ſans oeuures eſt moꝛte. Affin
q̃ ainſi cōe nous ꝓfeſſons ta ſanctite ꝑ foy et cōgnoiſ
ſance ꝑ langue et polles en la maniere deſſuſdicte:pa
reillement nous la notiffions, teſmoignōs ⁊ apꝓu
uons ꝑ ſanctite de vie:⁊ de meurs, ⁊ ꝑ bōnes ⁊ ſaīctes
oeuures. Et ꝑ ceſte maniere dieu nous admōneſte le
ſanctifier auⱳ chapitre de leuitique nous diſāt:ſoyes
ſainctz car ie ſuis ſainct Et de ceſte maniere de eⱳpo
ſer dit ſaīt iehā criſoſtome q̃ nous ſanctifions dieu en
nous quāt no9cōgnoiſſions dieu eſtre ſaīct, craignōs
⁊ veillons ſongneuſcmt pour nous garder q̃ ne detur
pons ⁊ ſoullons la ſāctite de ſō nom ꝑ mauuaiſes eu
ures, aīſi q̃ vne ꝑſonne q̃ eſt veſtue de treſpꝛecieulⱳ ve
ſtemēs fuyt a toucher toutes choſes oꝛdes q̃lle ne ſoul
ſe la beaulte de ſō veſtemēt Et en ceſte maniere pour
certain no9ſāctifions le nom de dieu ꝑ vꝛaye humilite
quāt ꝑ icelle no9atribuōs a dieu tout lhonneur ⁊ tou
te la gloire de toutes les bōnes couures q̃ no9faiſons
  Ainſi q̃ le pſalmiſte no9admōneſte, diſant.nō pas a
nous ſire nō pas a nous:mais a ton nom dōne gloire
                                              d i.

Et pareillemēt saint pol au premier chapitre de la premiere epitre aux corinthiens no⁹admōneste disāt. faictes tout pour la gloire de dieu:car dieu seul veult auoir en ceste vie la gloire de noz euures afī q̄ en aidō tout le prouffit dicelles bonnes euures Et pour ce il dit au lii.chapitre de psaie. Je ne dōneray point ma gloire a autre q̄ a moy. Et de ceste seconde maniere de exposer la sanctificaciō du nom de dieu sont a entē dre plusieurs gloses de diuers docteurs q̄ expposēt ceste premiere peticiō. Premieremēt ainsi selon vne glose Quāt a efficace tō nom soit sanctifie cest adire:fais nous estre telz q̄ tu apparoisses en nous saint Secō dement p imitacion/cest adire dit lautre glose:q̄ nous ne dissonōs poīt en quelque maniere de la sanctite de tō nom,ains soit mōstree la sanctite de toy q̄ es nostre pere en nous qui sommes tes enfans par imitacion.

Tiercement par augmentacion/cest adire dit lau tre glose:fay a nous augmentaciō de ta sanctificaciō Quartemēt par pseuerance cōme dit lautre glose affin que nous q̄ auons este sanctifies p baptesme en cōmunicant sanctite:no⁹pseuerons dorefenauant en icelle sāctite. Quintemēt par cōsummaciō de gloire Cest adire selon lautre glose:tō nom soit sainct en no stre sanctite.non pas seulement selon ceste presente iu stice: mais aussi le tēps aduenir en beatitude eternel le par lesperit de sapience q̄ on aura lors plainement.

Par lequel don de sapience(leql requerons icy)on obtient ceste premiere peticion Et pour ce dit icy vne glose:que paix est vertu a laquelle respond la beatitu

de qui est estre filz de dieu:laquelle correspõd audit dõ
& a ceste premiere peticiõ.   Car sapience est sauou/
reuse sciẽce:et no⁹fait tant scauoit & sauourer la bõte
de dieu:q̃ nestions pour son amour & purifions nostre
cueur.ostons toute affection des choses terriẽnes & ny
trouuõs pl⁹de saueur.bedpõs tout nostre cuer a dieu
et le enpurons et taingnons en la cõsideraciõ de son
sang de sa passion:& aussi procedõs & sommes faiz fer
mes en dieu cõme insepabbles:& ainsi le nom de dieu ẽ
sanctifie en nostre sanctite p ce dõ de sapiẽce.   Tier
cemẽt se peut exposer(sãctificetur nomẽ tuũ) tõ nom
soit sanctifie en no⁹ p soy. Cest adire:nõ pas seulemẽt
en tant q̃ elle se estend en opacion: mais en tãt q̃lle se
estend iusques a ledificaciõ de nostre prochaĩ:p ce que
la bonne renõmee de noz bonnes oeuures redonde en
iceulx a la gloire de dieu: & p ce le nom de iesucrist selõ
lequel sommes appellez xpiens soit sanctifie:p ce que
demõstrõs p exẽple de bonnes oeuures & p bõne renõ
mee la vertu du nom de crestiente en edifiãt nostre p/
chaĩ.   Du quel nom il est escript au xx.chapitre de
expode:tu ne prendras point le nom de tõ dieu en vaĩ
   De ceste sanctificacion de ledificaciõ de nostre prou/
chaĩ il est escript au v.chapitre de saint matthieu:fai
ctes q̃ la lumiere devoz bõnes euures reluise tellemẽt
deuant les hõmes: q̃ ilz cõgnoissẽt quilz sont bõnes &
quilz en glorifient vostre pere q̃ est aux cieulx.car no⁹
deuons desirer nõ pas que aiõs gloire de noz oeuures
mais q̃ gloire soit dõnee a dieu de noz bõnes oeuures.

d ii.

¶ Econdemēt noſtre appetit iraſcible ou voulēte
doit eſtre ordōnee a dieu p eſperance,α ce noꝰlup
demandons par la ſeconde peticion en diſant(Adue/
niat regnū tuum) Car puis que dieu a ordonne que
nous ſappellons noſtre pere comme eſtās ſes enfans
apres que nous auons demāde par la premiere petici
on(ainſi que deuons premieremēt α ſur toutes choſes
deſirer)ce qui appartient a ſon hōneur α a ſa gloire: il
eſt bien decent que nous lup demandōs pour nous ſõ
ropaulme qui eſt ſon heritage,car ſelõ droit le ropaul/
me du pere eſt deu a ſes enfans qui ſont ſes heritiers.
Ainſi comme dit lapoſtre au huptieſme chapitre de leſ
pitre quil fait au romains diſant:que ſe ilz ſont filz/
ilz ſont heritiers de dieu α coheritiers de ieſucriſt.Et ē
a noter que nous ne diſons pas en ceſte peticiõ icy que
nous aillon au ropaulme de dieu/ains demandons q̃
ſe ropaulme de dieu viengne a nous pour denoter que
ne pouõs aller au ropaulme de dieu par grace ne par
gloire:ſe dieu ne vient premierement a nous.Ainſi cõ
me il nous dit au ſixieſme chapitre de leuangille ſaīct
Jehan/en diſāt. Nul ne peult venir a mop ſe mõ pere
qui ma icp enuope ne le a tire a ſop.Et pour ce quil ap
partiēt au rop de diſpoſer α gouuerner ſes ſubgetz:icel
le choſe eſt dicte regner en lhomme par laquelle les au
tres choſes ſont diſpoſees α gouuernees. Et pour ce
quant la voulēte de lhomme tend aup creatures ſelõ

dieu en la congnoissant et aymant:dieu regne heritablemēt ε perfectement en lhomme comme aup biē eu
reup:ε cemous requerons en disant (adueniat regnū
tuū) Et en ceste peticion nous demādons que trois
ropaulmes viennent a nous lesquelz nous esperons
selon lesquelz dieu regne en nous et nous en sup Le
premier est le ropaulme de nostre consciēce: comme se
nous demandōs a dieu q̄ il regnast p amour ε charite
en nostre consciēce et leq̄l regne est cōtraire au ropau
me de pechie:ε fait que lesperit ayt dominacion sur la
chair ε sēsualite ainsi que iustice le requiert. Laquelle
iustice est en no⁹au cōmencemēt nō pas sans difficul
te. mais quant nous auons pseuere en icelle amour:
dieu fait que raison domine a la sēsualite. laq̄lle luy
obeist ε nō pas seulement facillement:mais delectablement. Et adonc dieu par amour ε liberte de iustice
regne en nous. Du q̄l ropaume il est escript au premi
er chapitre de lapocalipse q̄ iesuchrist no⁹a faiz ropau
me a nostre dieu. Et si est escript au pviii.chapitre de
saint luc:le ropaume de dieu est dedans vous. Le
second ropaume de dieu le quel nous demandons est
le ropaume par lequel il regne en toute leglise militā
te.par lequel luy demandons que ostees les persecuci
ons des tirans des hereticques et aultres maulsuais
hommes:nous regnons en transquillite en seruant a
dieu ε que il regne en nous glorieusement Du quel
ropaulme il est escript au quatorziesme chapitre de le
pistre aup rommains:que le ropaume de dieu Cest a
dire saincte eglise nest pas viande et beuuraige: ains

d iii.

est amour.dilection.iustice.paix.consolation.côcorde
et ioye au saît esperit   Le tiers royaume de dieu que
luy demâdons cest le royaume de gloire felicite ⁊ bea/
titude eternelle.laqͤlle se doit bien appeller royaume:
pour ce q̃ en icelle on a abôdance plaine ⁊ parfaicte de
tous biẽs.Du qͤl dit le psalmiste a dieu:sire ton royau
me est royaume de tous les siecles:⁊ ta dominacion se
estend en toute generaciô.⁊ le saige au xii. chapitre de
lecclesiastique dit q̃ les iustes regnerôt auecq̃z dieu au
siecle des siecles. Mais Richart de saît Victor expose
ceste peticion en la maniere q̃ sensuit. Ton royaume
Biẽgne a no⁹/cest adire que demâdons que ceulx q̃ sôt
predestines a auoir le royaume de dieu et ne sont pas
encores nez:soient premieremẽt engendres en nature
humaine puis soiẽt regeneres ⁊ faiz iustes p la grace
du saint sacremẽt de baptesme.puis soiẽt p crainte de
iustice manifestes a ꝟng chascũ estre enfãs du royau
me de dieu:⁊ q̃ en la resurrectiô generale ilz soiẽt sepa
res dauecques les mauuais aĩsi q̃ on separe les graĩs
dauecq̃z les pailles:les poissôs dauecq̃z les coleuures
les agneaux dauecq̃s les boucz: les fromẽs dauecq̃s
les yuraies.Requerôs aussi p ceste peticiô:que leglise
de dieu q̃ est sô royaume:soit appellee de dieu hors des
tempestes de ce siecle a la gloire du pays celeste.et que
ainsi que dieu regne desia en ceulx qui sont iustifies:il
regne pareillemẽt tantost en ceulx q̃ sont encores a iu
stifier ⁊ q̃ il chace la puissance du dyable hors de ceulx
qui sont mauuais affin quil regne en eulx. Et selon
ꝟne glose nous demandons icy le don ou esperit de in

telligence ou entendement. lequel neftoye le cueur/a
quoy senfuit la vifion de dieu:& que il regne en nous.

Car le don dentendemēt nous fait congnoiftre & pe
netrer les creatures felon lordre quilz ont a dieu:& lire
en icelles fa bonne fapience/puiffance & autre perfec/
tions. et nous fait confiderer aux cieulx/aux enfers
& fur la terre:& congnoiftre cler la grandeur de noz pe
chies/lefquelz nous reputions comme rien:et pour ce
nous fait echauffer en luy par amour: et neftoier no/
ftre cueur par penitence. et reputer que affection aux
chofes mondaines neft fi nō vng enfer: pour quoy de
defirons que dieu regne en nous.

Le quinfiefme chapitre Expoficion de fa terce pe/
ticion/ceft affauoir(fiat voluntas tua/ficut in celo &
in terra)

t   Jercement noftre ame & voulente doit eftre or
           dōnee enuers dieu par charite:laquelle chofe
nous demādons quant nous difons(fiat voluntas
tua ficut in celo & in terra(Left adire:foit ta voulente
faicte en la terre ainfi quelle eft faicte au ciel Laq̄lle
peticion nous faifons conuenablemēt apres les deux
deffufdictes.car apres que auons demande:que dieu
foit glorifie & honore:et puis pour nous auons demā/
de le royaume des cieulx comme noftre derreniere fin
(ioupte la doctrine de faict Mathieu au fixiefme cha
pitre ou quel nous eft commande:queres premieremt
le royaulme des cieulx)il nous reftoit a demander le
moyen neceffaire a obtenir ledit royaulme fās lequel
                                        d iiii.

on ne le peut auoir.Lequel moyē est faire la boulente
de dieu nō pas seulement la boulente de son bon plai/
sir(Laquelle infaliblement est tousiours acomplye)
mais la boulente de ses commandemens qui nest au
tre chose si non garder a acomplir ses commandemēs
laquelle chose nous faisons en obedience par la grace
de dieu   Or dieu beult selon ceste boulente icy trois
choses estre faictes en nous.Premieremēt beult refor
macion de nostre nature. Secondement nous beult
multiplicacion de grace.Tiercement nous beult con
summacion de gloire Premieremētbeult que nostre
nature soit reformee/laquelle a este defformee par pe/
chie et mise hors de sa premiere institucion.Et selon ce
ste premiere maniere on peult expoſer en trois manie
res ceste tierce peticion   Premierement que nos de
mandons/ que ainsi comme la boulente de dieu et de
ses commandemēs se fait en nostre sinderesse:qui est
des premiers principes/ou lops bniuerselles de ce que
deuons faire et fuyr en general tout mal:a noꝰesguil
lonne a tout bien pour quoy est cōparee au ciel:pareil
lement soit fait en nostre ꝯscience/laquelle est compa
ree ala terre car elle tend aux conclusions plus parti
culieres.Pour quoy requerōs quelle refuse tout mal
a faire a soit incline a faire tout bien.   Secondemēt
peult estre expose en demandant/que ainsi comme la
boulente de dieu est faicte selon linclinacion de nostre
raison et de nostre esperit/qui est compare au ciel (car
ilz sont de eulp mesmes incline a bien)pareillement
soit fait en la terre de nostre sensualite a de nostre chair

Lefquelz font prefque toufiours inclins a tout mal et
tardifz a tout bien.　De quoy efcript faint pol aux
galathiens au cinquirfme chapitre difãt que la chair
couuoite ⁊ defire au contraire de lefperit: et lefperit au
contraire de la chair.　Car comme dit le faulueur ⁊
redempteur iefus au bingtfixiefme chapitre de leuan
gille fainct Mathieu. Certainement lefperit eft touf
iours prompt a bien faire: et la chair eft malade.　Et
pareillemẽt eft efcript au huitiefme chapitre de genefe
que les fẽs de lhõe font enclins a mal des le temps de
fon enfance, mais le philofophe dit que raifõ eft incli/
ne a chofes trefbonnes et trefprouffitables et btiles

　　Et en cefte maniere eppofe Richard de fait bictor
quant il dit: ta boulente foit faicte ⁊ cetera. Ceft adire
que ainfi comme raifõ aidee de ta grace/ enfeigne ce q̃
len doit faire: pareillemẽt nous requerons q̃ la chair
parface fans faulte ne cõtradiction ce que raifon en/
feigne et admonnefte　　　Tiercement peult eftre
eppofee felõ cefte premiere maniere ladicte peticiõ ⁊
demande comme fe nous difions. Sire ainfi comme
ta boulente eft faicte au ciel materiel/ au quel toutes
chofes tiennent infaliblement loidie qui leur eft cõfti
tue ⁊ oidonne de dieu, et les haulx cieulx mouuent cõ
tinuellemẽt par mouuement circulier et directe ceulx
de deffoubz eulx/ ⁊ les chofes natureles de cy bas font
gouuernez p eulx fans aucune difcoide: ainfi foit fait
en la terre/ ceft adire aux hommes terriẽs ⁊ q̃ ilz aient
pcoide paix ⁊ droit oidie entre eulx: felõ leq̃l dieu fift
lhõme droit. Et leq̃l oidie requiert q̃ raifõ domine par

deſſus la chair et ſenſualite:et les baſſes puiſſãces de
lame.   Secondemẽt dieu veult en nous multiplica
cion de grace ⁊ de ſanctite tant en la conuerſiõ des pe/
cheurs p penitãce:⁊ en la ſanctificacion des ꝗuertis p
grace.et en la ſaluacion des ſacrifies p pſeuerãce: cõe
en ꝑpetuelle clarificacion des ſaulues p gloire. De ſa
ꝗlle voulente parle ſainct pol au quart chapitre de ſa
premiere epiſtre auꝑ theſaloiens. La voulẽte de dieu ē
voſtre ſanctificacion.   Et ſelon ceſte voulente de gra
ce:ceſte peticion peut eſtre en troꝑs manieres eꝑpoſee.
   Premieremẽt ta voulente ſoit faicte ⁊c. Ceſt adire
ainſi comme ta voulente ſe fait au ciel en hault en tãt
que eſt par influence de ta grace:paraillemẽt ſoit fait
en la terre icy en bas/en tant que eſt de par nous par
effect et eꝑecucion et oeuures ſubſequentes   Secõ
dement ſe peut eꝑpoſer/ceſtaſſauoir: ainſi comme ta
voulente eſt faicte par ce que propoſons ſouuenteſ/
fois ⁊ deſirons a faire beaucoup de biens:leſquelz ꝑ/
pos nous ſont enuoꝑes de la grace pitie ⁊ miſericorde
de dieu/ ⁊ ſont compareſ au ciel:ainſi nous ſoit fait en
la terre icy embas de noʒ voulẽtes en perſeuerãt touſ
iours a faire ſelon noʒ bons propos.ainſi que faiſoit
le pſalmiſte diſant a dieu mõ ame a ſouhaicte deſirer
tes iuſtificacions en tous tẽps.   Tiercemẽt ſe peut
eꝑpoſer/ceſtaſſauoir ainſi cõme ta voulẽte ſe fait au
ciel/ceſt adire a lhomme iuſte:pareillemẽt ſoit fait au
pecheur qui ē compare a la terre:pour ce ꝙl pa ſõ affe/
ction.car la voulente de dieu eſt cõme dit ſainct augu
ſtin la cõuerſion ⁊ le ſalut du pecheur. Ainſi ꝙ dieu dit

p le pphete ezechiel au.pViii. chapitre de sa prophecie.
disant. ma Boulête nest pas la mort du pecheur:ains
Bueil ql se conuertisse de sa mauluaise Boye q ql Biue.
  Tiercemêt dieu Beult en no⁹ côsommaciô de gloi/
re/ainsi q tesmoigne saint pol au secôd chapitre de sa
premiere epistre ql fait a thimotee disant:q dieu Beult
tous les hômes estre saulues Et en ceste maniere on
peult en trois manieres eppofer ladicte peticiô. Pre
mierement ta Boulente soit faicte q cetera/cest adire:
ainsi côme ta Boulête est faicte aup anges p ce quilz
font glorifies:pareillemêt soit faicte aup hômes. De
quoy parle psaie aup collations des peres disât q on
ne peut faire plus grande oroison q demâder q desirer
que les chofes terriênes soiêt egales aup celestes/cest
assauoir:q ainsi côme la Boulente de dieu est acôplye
aup cieulp p les anges:ainsi se face en terre p les hô/
mes. Et de ceste maniere de eppofer ple Richart de
sainct Bictor disant:ta Boulente soit faicte en la terre
côme au ciel. non pas dist il quil y ait similitude de la
faire en terre q au ciel en femblable quâtite: car en ter
re pa ignorance et Beaucoup de impfectiôs q distraiêt
de faire la Boulente de dieu lefquelles ne fôt point au
ciel mais no⁹demâdons ql y ait similitude en qualite
Cest adire q p tout la Boulente de dieu soit faicte:cest/
assauoir es bôs q iustes p bônes opacions:q es maul
uais p reordinaciô de leur mauuaise opaciô.q q ainsi
côe les cherubins.feraphins.trofnes.domĩaciôs puif
fances.Bert⁹.princes.archâges/et anges font au ciel
ta Boulête q peillemêt les patriarches.prophetes.apo/

ſtres.martyrs.confeſſeurs.vierges/a toutes les ames
glorieuſes:ſemblablement nous reqrons q tous les eueſ/
ques pbres a clergie/tous les rops princes a tout le peu/
ple homes a femes grās a petis bons et mauuias facēt
ta voulente:a les mauuais ſe puertiſſent a biē ſelō la
grace q tu leur dōneras:et ſelō leur poſſibilite a fragi
lite Ta voulēte auſſi ſoit faicte nō pas ſeulemēt aux
creatures raiſonnables:mais auſſi aux creatures ir
raiſonnables/en leur dōnant epiſtēce multiplicaciō
germinaciō Secondemēt peut eſtre eppoſe de voulē
te de gloire ceſt q nous demādōs q aīſi que la voulēte de
dieu ē faicte au ciel de noſtre nature prinſe en ieſucriſt
p la pſonne du filz de dieu laqlle ē glorieuſe:ainſi ſoit
fait en la terre de noſtre poure fragilite, Tiercemēt
peut eſtre eppoſee/ceſtaſſauoir:aīſi q ta volēte ſe fait
au ciel ceſt adire en tō ppos et ordōnāce q nous eſt celee
a īcogneue:peillemēt ſoit fait en la terre/ceſt adire es
creatures q ne ſōt au regart de top ſi nō terre, Et ē a
noter q ce neſt pas choſe ſans raiſō a ſās bō fondemēt
dauoir eppoſe ce q eſt entēdu p le ciel et p la terre en la
maniere deſſuſdicte.Car ſelon les gloſes des ſaitz do
cteurs a eppoſiteurs ſur ce pas icp:p le ciel ſont enten
dus les anges.les homes iuſtes.ieſuchriſt.legliſe triū
phante.la voulēte de dieu.leſperit.la raiſon ſouuerai
ne/a ſindereſe:a auſſi p la terre ſont entēdus les homes
les pecheurs.les mēbres de ieſucriſt.legliſe militante
noſtre liberal arbitre.noſtre chair.nrē appetit ſenſitif
noſtre baſſe raiſon et nrē cōſciēce/en les pporcionuāt
aux choſes deſſuſdictes entēdues p le ciel Et auſſi a

noter q̃ les deſſuſdictes troys premieres peticiõs et de
mãdes ſont cõmãcees en ce monde ⁊ augmẽteeſ quãt
no⁹ proffitons en vert⁹:⁊ en la vie eternelle on les poſ
ſidera pfectemẽt.   Et auſſi a entendre ⁊ noter q̃ les
dictes trois p̃mieres peticions peuẽt eſtre autremĩt ep
poſees ſelõ ce q̃lz ordonnẽt lhõe a dieu:nõ pas p grace
ſeulemẽt cõe dit eſt cy deſſus:mais auſſi p gloire ſelõ
le ſẽs anagogique. Ceſtaſſauõir q̃ par la premiere pe
ticon(ſãctificetur nomẽ tuũ)la ou demãdons le nom
de dieu eſtre ſanctifie: no⁹ reqrons q̃ nr̃e entendemẽt
ſoit enlumine p clere ⁊ biẽ eureeviſiõ de dieu ⁊ de ſon
eſſence.en laquelle viſiõ on ſanctifie le nõ de dieu
treſplainement ⁊ perfectement/ceſt adire on cognoiſt
clerement ⁊ euidentement ſa grande ⁊ ineſtimable ſã
ctite:et ce qui apartẽit a icelle. Car comme dit ſaint
Jehan au tiers chapitre de ſa p̃miere epiſtre.lors no⁹
le verrõs aĩſi q̃l ẽ ⁊ le glorifirõs louerons ⁊ magnifie/
rons.Et en la ſecõde peticiõ(adueniat regnũ tuũ)tõ
ropaume no⁹aduiẽgne:no⁹ demãdõs q̃ nr̃e volẽte ſo/
it totalemẽt quiete raſſaſie ⁊ aſſouuy en la ferme ten
ciõ.apprehenſiõ/⁊ poſſeſſiõ du ſouuerain biẽ diuiñ
quelle choſe nous fera eſtre roy du ropaulme de dieu.
    Et en la tierce.peticion(fiat voluntas tua/ſicut in
celo et iñ terra)ta volente ſoit faicte en la terre cõe au
ciel:nous demãdõs q̃ noſtre voulẽte ſoit transformee
totaleſmĩt en la voulente de dieu p ſouueraine amour
charite/fruicion et delectation de dieu. Et q̃ ainſi cõe
lors la voulente de dieu de telle glorificaciõ ſe fera au
ciel de noſtre ame par pfaicte fruiciõ et delectaciõ:

ainſi ſoit fait en la terre de noſtre corps bien eureup et
glorieup.Car côe dit Joß au ppii.chapitre a ßng chûn
qui ſera lois glorieup:lois tu auras affluêces de deli/
ces ſur celluy ĝ eſt omnipotent   Et en ceſte peticion
nous demandons le dõ de conſeil/leĝl nous fait (côe
dit le ſainct docteur) enſuiuir la mocion de dieu pour
enĝrir moyens conuenaßles a noſtre ſalut en faiſant
la ßoulente de dieu côe dit eſt.entre leſquelz moyens
ßng des plus propices ê de eſtre miſericordieup:car on
en oßtiêt de dieu miſericorße: comme il ê eſcript au ß.
chapitre de ſaint Mathieu.

    Le pßi.chapitre Eppoſicion de la quarte peticiõ
ceſtaſſauoir (Panem noſtrum quotidianũ da noßis
hodie)

    a   Pres que les trois premieres peticiõs ont eſte
           eppoſees p leſquelles lhõme eſt ordõne êuers
dieu ꝗ luy demande ſon bien:il ê côuenaßle de eppoſer
les quatre derrenieres peticions/leſĝlles regardêt la
deffaulte de lhõme.Leĝl a en general deup manieres
de deffaultes au regard des biens eternelz et eſpiritu
elz:leſquelz il demande par les trois primieres petici
ons deſſuſdictes   La premiere deffaulte ceſt impuiſ
ſance dy puenir:pour ce ĝ no⁹ſommes deffaillans es
biens de nature et de fortune.Contre laĝlle deffaulte
eſt ordõnee la quarte peticiõ/p laĝlle nous demãdõs
aide de dieu en biês de nature et de fortune côtre la di
cte deffaulte:en diſãt (Panê noſtrum quotidianũ ꝗc.
    La ſeconde deffaulte de puenir auſdictz biens/ceſt

pour trois manieres de maulx ou malices q̃ auõs ou
pouons auoir q̃ no⁹empeschẽt q̃ nous ne pouõs auoir
grace ne gloire/cõe cy apres sera de claire.cõtre laq̃lle
deffaulte sont ordõnees les trois derrenieres peticiõs
Apres doncq̃z que no⁹auõs demãde a dieu les biẽs
eternelz q̃ espirituelz p les trois premieres peticiõs:cõ
uenablemẽt en ceste quarte peticiõ Panem noſtrũ qc.
incontinãt nous demãdons ce que no⁹ eſt cõuenable
a obtenir beatitude:q̃ ce q̃ auõs demãde p leſdictes pe
tions cõme inſtrumẽt pour nous aider a les obtenir.
Ceſtaſſauoir les biẽs de nature q̃ de fortune et autres
moyens:affin q̃ napõs deffaulte en iceulx. Or pour
obtenir leſditz biẽs aucunes choſes no⁹ſeruent q̃ ſont
moyens cõe inſtrumẽs a obtenir ce q̃ dit eſt de la ptie
de dieu/ceſtaſſauoir le ſaint ſacremẽt de lautel en tãt
q̃l cõprent ſoubz ſoy tous les ſacremens de legliſe:cõe
eſtant le plus noble q̃ la fin diceulx/ et auſſi la parole
et predicacion de dieu et de la ſaincte eſcripture. Et
les autres choſes ſõt moiẽs q̃ inſtrumẽs pour obtenir
leſditz biens eternelz q̃ espirituelz de la partie de no⁹.
Et premieremẽt de par noſtre ame:cõe eſt aduerſite q̃
tribulacion/obedience et la parolle de dieu:ainſi quil
ſera cy apres dit. Secondẽt de p noſtre corps:ceſtaſ/
ſauoir le pain materiel par lequel ſont entẽdus tous
biẽs temporelz de nature:et de fortune qui ſeruẽt q̃ ai
ẽent a la ſubſtantacion aubiure.beſtement.ſancte et
force de noſtre corps/auſquelz pain de biẽs de nature
et de fortune nous ſouffrõs aucuneſfoiz telle deffaul
te q̃ ne pouons pas ſi biẽ puenir auſditz biẽs eternelz

et efpirituelz. ꝫ fes biens de fortune ꝫ de nature ce peu
ent. appeller pain fupfubftanciel. ainfi quil eft efcript
au vi. chapitre de fainct mathieu en tant q̃ lufaige di/
ceulx prouffite a grace ꝫ eft ordonne p bonne prudēce
et vertu de nous a obtenir lefditz biens eternelz ꝫ efpi
rituelz. Car il nya point de doubte q̃ le pai des faintz
facremēs ne foit pain fupfubftanciel/ ceft adire plus
fouuerain et plus noble que la fubftance du pain ma
teriel.   Il nous eft doncques befoing ꝫ neceffite pour
obtenir les biens eternelz ꝫ efpirituelz demande p les
trois premieres peticions: de auoir les trois manieres
de pains. Premieremēt pai corporel pour la fuftenta
cion de noftre corps. Secondement du pain efpirituel
pour la fuftentacion de noftre ame. Tiercemēt auōs
befoing du pain facramentel: pour la fuftentacion de
lung ꝫ de lautre.   Premierement nous eft neceffaire
le pain corporel/ ceft adire les biens de nature et de for
tune pour la fuftētaciō de noftre corps affin q̃l puiffe
mieulx feruir a lame pour exercer fes bōnes operaci
ons p lefquelles nous obtenons lefditz bienf eternelz
ꝫ efpirituelz. Et cecy nous demandons par la quarte
peticiō/ ceftaffauoir (panem noftrum quotidianū da
nobis hodie) donne nous noftre pain quotidian.   En
laquelle nous demandons felon Richart de fainctVi
ctor a dieu q̃l face germer la terre ꝫ nous dōner fruict
a noftre vfaige.   Et generalement nous demandōs
tout ce defditz biens qui peut eftre neceffaire: et nous
feruir licitement pour corps humain.   Mais pour ce
que ainfi que le fage dit au viii. chapitre de lecclefiafti

que.celluy q̃ manie la poix ou goume il en a les mals
soullees τ oldes.et que souuent pour labondance des
biẽs colpolelz noſtre ame eſt faicteuile τ soullee: afin
que nous ne mettons trop grande affection τ desoldõ
nee a auoir les ditz biens tempolelz de nature et de fol
tune:et que ny soyons trop impliques et infais/ dieu
par sa grande sapience nous modere noſtre desir et de
mande diceulx biens en ceſte peticion icy tellem̃t: que
il nous enseigne si nous la conſiderons bien : a euiter
tous les bices ausquelz nous cheons souuent par des
oldonne desir des biens tempolelz.   Le plemier bice
en quoy no⁹ cheons par desoldonne desir des biens tẽ
polelz:ceſt superfluite causee de trop grande abõdãce
en quantite ou multitude trop desoldõnee des dis biẽs
tempolelz ou dappetit dicelle abõdãce de quoy eſt cau
see oysiuete et bolupte:laq̃lle fait apoſtater de dieu τ
de tout bien:et fait perir moult de gens Laq̃lle chose
ꝯsiderant salomon le saige au xxx.chapitre de ses plo
uerbes plioit a dieu en disãt.Sire ie te plie q̃ ne me dõ
nes point abondãce de richesses/ ains me dõne ce qui
eſt necessaire pour ma bie affin que p aduenture ie ne
soye par richesses alichie τ induit a nyer dieu quãt ien
setoye saoule:en demandãt qui eſt le seigneur de dieu
    Contre laq̃lle superfluite iesucriſt nous enseigne en
ceſte oloison luy demander(panem)ceſt adire du pain
    Cõme se nous luy demãdions:dõne nous des biens
de nature et de foltune ce quil nous en ẽ necessaire ou
bien requis selon noſtre eſtat ou cõdicion et nõ pas en
quantite ou multitude/q̃ nous nuise plus quil ne no⁹

e i.

prouffiteroit Le second vice est rapine ou rapacite la
quelle est souuent causee du desir de auoir les biens de
nature et de fortune en supfluite. Contre lequel vice
nous est icy dit(nostrũ)cest adire nostre.Et que ne de
mãdons point auoir les biens daultruy/ne qui soiẽt
acqstes mauuaisemẽt p rapine/fraude ne qlcõque au
tre peche:mais iustemt selon les cõmãdemẽs de dieu.

Le tiers vice est trop grande sollicitude soing ꝗ cha
grin de auoir les biens tẽporelz trop expquis. Car il
est plusieurs gens ꝗ combien quilz se abstiennẽt de ac
querir mauuaisement ꝗ p fraude les biens temporelz
toutesfoiz ilz sont incessaument et trop soigneux:ac/
tifz ꝗ chagrins de auoir lesditz biens en grant appeil
excellence ꝗ ornemẽt. Et pour ce affin que ne estẽdõs
trop noz desirs en ceste maniere/en faisant cõtre le cõ
mãdemẽt de dieu escript au vi. chapitre de saint Ma
thieu par lequel il nous cõmande ꝗ ne soyons trop sõ
gneux du iour au lendemain:ne trop curieux. Nous
sommes icy instruictz de ne demãder si non (quotidia
num)ou supsubstancialem/cest adire ce quil nous est
requis desditz biẽs pour nostre quotidiay/et pour par
uenir ausditz biens eternelz et espirituelz. Lequel
mot exposant sainct iehay crisostome/dit ainsi:ꝗ dieu
no9 enseigne demander le pai quotidiay affiy quil re
fraigne ꝗ repreuue les viandes supurieuses ꝗ excessi
ues:et que lhomme ne mengusse tant et ne pretende si
excessiuemt aux biens temporelz:comme soy appetit
charnel et sensitif requiert/ne tant ey vng iour:cõme
il souffiroit ey deux. Et pareillemẽt doit oy entendre

que on ne doit poit demãder ne desirer trop grant aor/
nessit de bestemẽs/ne de qlzconques autres choses tẽ
porelles qui e#cedẽt lestat de la psonne. Aucuns au
tres docteurs e##posẽt ce mot la quotidian q cest a dire
que on ne doit point desirer ne demander les biens tẽ
porelz pour les restiuer es garniers dõt pourroiẽt estre
nourris les poures:ausquelz appartiẽt de auoir tout
ce qui est de superfluite Combiẽ q p autres docteurs
soit dit que p le pain quotidian q no⁹desirons ⁊ demã
dons:peut estre entendu generalement tout ce que on
peut licitement garder p bonne discrecion selon lestat
et condicion de chascune psonne.   Le quart vice en
uers lesditz biẽs temporelz est orgucil et arrogãce car
souuentesfoiz plusieurs attribuẽt a leur labeur/indu
strie et sollicitude deul# ou de leurs parens/ou amp#
les biẽs quilz ont:⁊ sẽ donnẽt la gloire ou a leurs pa
rens:⁊ oblient q lesditz biẽs leur soient dõnes de dieu
et par ce commectẽt rapine alencontre de la gloire de
dieu.car ilz rauissẽt pour eul# la gloire qui en deuroit
estre dõnee a dieu et ne cõsiderẽt pas ainsi q deueroiẽt
cõsiderer que plusieurs et innumrrables gẽs ont este
de trop plus grant industrie ⁊ labeur/⁊ de plus noble
lignee/ et plus puissans parens descendus:que ilz ne
sont.lesquelz(ce non obstant)ont este totalement des/
pourueu# desditz biens. Et pour ce est icy adiouste ce
mot(da)dõne.par lequel disons a dicu ql nous donne
ces biẽs icy cõme recongnoissans: que ne les pouons
auoir sinon p son don   Cõme se nous lup disids:toy
bon seigneur a qui appartiẽnent toutes choses/ainsi
e ii.

q̃ dit le psalmiste disant q̃ la terre est au seigneur dieu/
ꝗ toute la plenitude dicelle/tout le mōde:ꝗ tous ceulx
qui habitent en icelluy. Toy q̃ dōnes a māgier a tou
te chair ainsi que dit de rechief le psalmiste:toy aussi a
qui no⁹ deuons dōner gloire ꝗ graces de tous biens q̃
no⁹ayons:donne nous les biens q̃ demandons/dōne
les no⁹de nouueau:se ne les auōs.ꝗ se les auonsdesia
receuz de toy:donne nous q̃ ne les pdons pas. Le.ß.
ßice et pechie est auarice et tenacite qui est engẽdree de
lorgueil ꝗ arrogance dessusdicte Car quāt lhōme in
grat enuers dieu attribue a soy ꝗ a son labeur et indu
strie les richesses et biens quil a:il luy semble q̃ quant
ses biens luy appetissent que il appetisse sō ame ou sa
ßie Et est ainsi cōme loyseau de proye aiant les on
gles courbes pour retenir ses richesses.car il ßeult tout
approprier a soy et retenir sans en dōner cōmuniquer
secourir ne aider a son prouchain. Pour reprimer le
quel ßice dieu adiouste icy ce mot(nobis)a nous.Cest
adire q̃ ne deuōs point demāder les biēs tēporelz seu
lemēt pour nostre psonne:mais pour seruir a nous et
a nostre prouchain en cas de besoing Pourquoy il est
escript en la distinctiō plßii.de telz gēs riches ꝗ tendz
le pain q̃ tu reserues:il appartiēt a ceulx qui ont fain
Les ßestemēs q̃ tu detiens enclos: ilz appartiēnent ꝗ
ceulx q̃ sont nus.ꝗ largent ꝗ les pecunes q̃ tu enfouis
en terre appartient aux prisonniers pour les racheter
de prison Le sixiesme ßice en quoy on chiet par desiø
desordonne des biēs temporelz est: ßouloir tousiours

ou trop longuemēt viure en iceulx:et pour lamour di
ceulx.Car il est plusieurs gens lesquelz/ainsi que ilz
ne vouldropent iamais mourir:pareillemēt vouldro
pent tousiours viure pour auoir tousiours fruicion:et
delectacion aux biens temporelz. Et ne veullent pas
menger affin quilz viuent:mais veullent viure affin
que ilz menguissent tousiours delicieusemēt.⁊ en ceste
maniere ilz sont si plunges par desordonnee affectiō
aux biens tēporelz q̄ ilz cōstituēt pour iceulx paradis
en ce siecle q̄ ē toutesfoiz plaī de naufrage:⁊ de pdiciō
Pour leql vice reprimer est icy adiouste ce mot(hodie)
au iourduy/cōme se no9disions:le pain quotidian des
biens tēporelz q̄ no9 demādons dōne le nous au iour
duy/cest adire en ceste psente vie/ou pour la pseruaciō
de ceste preseēte vie cōe se dicu no9disoit:demandes seu
lemēt ce q̄ vous est necessaire pour le temps present:⁊
pour ceste vie desditz biēs tēporelz: car vo9 ne scaues
si vous viures demain. Et p ce q̄ dit est appert q̄l ny
a point de supfluite en ce q̄ dit est p ceste peticion.Car
p ce q̄ no9demandons(panē)du pain:est denote q̄ no9
ne deuōs point demāder supfluite des choses tēporel/
les en quātite ou multitude. Et p ce q̄ demandons
(quotidianū)le quotidiā:est reprime le desir de la sup
fluite q̄ demādent aucuns en iceulx en qualite/en ap/
pareil/aornemēt ⁊ curiosite. Et p ce q̄ demandons
(hodie)auiourduy:ē reprime la supfluite de demāder
trop grāde duracion en iceulx. Secōdemēt il no9 est
besoing pour obtenir lesditz biēs eternelz ⁊ espirituelz

e iii.

auoir ðu pain espirituel pour refaire sustãter ꞇ nour-
rir nostre ame q est affamee.car lame pecheresse aune
fain espirituelle.Car peche nest aultre chose si nõ fal
de Voluptes/honneurs et richesses Contre laquelle
fain nostre ame est soustenue et rassasiee p trops ma/
nieres de pais. Le premier pain espirituel est pain de
penitãce ꞇ de tribulation laqlle chace la fain de peche
Pour quop dit se psalmiste:mes lermes mõt este pais
iour ꞇ nupt. Le second pain/est pain de obedience du
quel ploit iesucrist au quart chapitre de leuãgille sait
iehan/en disant.ma Viande est q ie face la Voulente de
mon pere q est aup cieulp. Le tiers pain espirituel est
le pain de la polle de dieu ꞇ predicacion dicelle.car aisi
cõe dieu dit au quart chapitre de sait mathieu.lhõme
neVit pas seulement de pain:mais aussi de la parolle
q procede de la bouche de dieu.   Pour quop dit saint
Augustin/que ainsi q il nest plus grant signe aune p
sonne destre predestine de dieu eternellement:q de opr
Vouletiers les parolles de dieu:pareillemt il nest poit
de pire signe de reprobacion:q decontepner la polle de
dieu ꞇ predicacon dicelle.   Pour quop disoit iesucrist
aup iuifz au huptiesme chapitre de leuangille sainct
Jehan.que cellup qui est de dieu il opt les parolles de
dieu:et pour ce Vous ne les Voules pas opr:car Vous
nestes pas de dieu. Et comme cest tresgrant signe de
mort temporelle quant on refuse toute Viãde corporel
le:pareillemt cest tresgrant signe de mort espirituel/
le quant on neVeult pas opr la parolle de dieu.Ainsi

comme tesmoigne le psalmiste dauid en parlāt de ces
gens icy/car quant il parle deulx en disant:que leur a
me a abhominacion de toute viāde/cest adire de la pa
rolle de dieu qui est viāde espirituelle de lame: il rend
la cause pour quoy cest/ cestassauoir:pour ce quilz ap
prouchent des portes de la mort/cest adire de dānaciō
eternelle   Et de ceste maniere de pain expose richart
de saint victor ceste demande quāt il dit:ceste peticion
(Panē nostrū quotidianū) sire dōne nous nostre pai
quotidian de la polle de dieu/ cestassauoir en inspirāt
aux prelatz ꝗ docteurs de tō eglise:ꝗ ilz se efforcent a
nous dispenser ꝗ semer loyaument et discretement ta
doctrine ꝗ tu leur as baillee,et si ne leur chault de no⁹
froisser et donner ce pain de ta doctrine et predicacion
plaise toy nous en repaistre par secrete ꝗ occulte inspi
racion:affin que p toy no⁹ prenons dedans no⁹ le pai
du quel no⁹ sommes deffraudes par la taciturnite de
noz prelatz ꝗ docteurs.   Tiercemēt no⁹ est besoing
et necessite pour obtenir lesditz biens eternelz et espiri
tuelz dauoir le pain sacramentel pour la substātaciō
viuificacion/et nourriture de noz corps et ames.Car
p le sainct sacrement de lautel le corps de iesucrist no⁹
est donne en viande: et son sang en beuurage pour vi/
ure espirituellemēt et eternellemēt.Ainsi quil dit luy
mesmes au vi.chapitre de saint iehan/qui mengue de
ce pain:il viuera eternellemēt.   Et pouons bien ap
peller ce pain nostre:cōe celluy qui a este pris de nostre
redempciō,ou nostre: cest adire au quel nous sommes
                                             e tiii.

tous vnis par lian τ vnion de charite.ou nostre:car il
a este ne pour no9 a vescu ſouffert τ est mort:et este en
ſeuely pour nous: τ finablemēt ſera en paradis nostre
ſoper   Le ſainct ſacrement auſſi peult estre appelle
pain quotidian:cest adire que nous le deuons tous leſ
iours prandre eſpirituellement en le croyant,   Car
comme dit monſeigneur ſainct augustin.croy en luy:
et tu le mengues eſpirituellement   Cest auſſi pain
quotidian:car cheſcun iour nous le prenons en la pſõ
ne des prestres,   Car comme dit monſeigneur ſainct
Augustin prens le cheſcũ iour en telle maniere:q̃ chũn
iour tu deſerues et ſoyes digne de le prãdre Et p ceste
quatre peticion par le don ou eſperit de force nous demandons le pain:par lequel ſont raſſaſies et ſaoules
ceulx qui ont fain τ ſoif de faire iustice, car ce paĩ ſelõ
vne expoſicion est acompliſſemēt de iustice:qui est le
pain de nostre ame.τ par le don de force nous ſommeſ
fois avſer de tous les pains deſſuſditz en telle manie
re que par quelconque tentacion ne facions riens es
pains deſſuſditz q̃ iustice ne ſoit gardee:ſans estrevaĩ
cu par quelque peche

Le pviii.chapitre Expoſicion de la v.peticion:cest
aſſauoir(Et dimitte nobis debita nostra:ſicut et nos
dimittimus debitoribus nostris)
l   A ſeconde deffaulte qui nous empeſche dauoir
        grace τ gloire: et de latribuer a dieu en faiſant
ſa voulēte iouxte les trops premieres peticiõs cest ma

lice ou mal.De quoy il est trois manieres.Le premier
mal est mal de coulpe et peche.Lequel on a desia fait
au temps passe   Le second mal est mal de bataille et
de temptacion:lequel on crainct beacoup a souffrir le
temps aduenir. Et le tiers est mal de peine lequel on
a presentemēt/cōtre lesquelz maulx sont les trois der/
renieres peticions.   Premieremēt doncques en ceste
v.peticion.apres ce q̄ nous auons demāde a dieu la su
stentacion de nostre vie par la quarte peticion (panez
nostrū quotidianū)ꝛ cetera:cōuenablemēt nous luy
demādons p ceste v.peticion̄ q̄ il oste hors de nous la
malice de coulpe q̄ nous auōs le tempſ passe commise
en nous la pardōnant quāt no⁹ disonecꝛ dimitte nobis debitā nostra ꝛc. Cest adire pardōne no⁹noz deb
tes/cest adire noz peches par lesquelz no⁹sommes cō/
stitues endebtes ꝛ obliges a soustenir peine de eternel
le dānacion. Et lordre de ces deux peticiōs est biē cō
uenable affin q̄ puis que dieu no⁹a repeus selō ladite
quarte peticion:nous viuons en dieu/ ꝛ retournons a
celuy q̄ nous a repeuz. Laq̄lle chose no⁹faisons quāt
noz peches no⁹sont pardōnes. Est aussi bien conue
nable pour autre raison/cestassauoir pour ce q̄ no⁹a/
uōs peche en moult de manieres/en abusāt des païs
dessusditz/ou biens desquelz dieu no⁹a refectionnes
en corps ꝛ ame selon ladicte quarte peticion/ nous ne
pſeuerōs plus ausdictz pechez p ce q̄ dieu les no⁹pdō
ne Car cōe dit a este en exposāt la peticion dessusdicte
souuētesfoiz no⁹pechons en abusant du païs corporel
en six manieres qui ont este dessus declairees Et au

regard du pal de penitēce:souuēt no9 pechōs pource q̃
ne la faisōs quāt faire la deuōs/ne deuemēt. Au pai
de obediēce:pour ce q̃ sōmes peceux ꝗ negligēs a obeir
aux cōmandemens de dieu.   Au pain de tribulation
en murmurāt contre icelle   Au pain de doctrine:p ne
gligence destudier asses curieusemt/ou de ne acōplir
pas p oeuure ce q̃ no9scauons/ou de ne le administrer
pas par doctrine aux ignorans: et ceulx q̃ ont a faire
ou en no9 orguillissant de nostre science ꝗ cognoissāce

Au pain du sainct sacremēt de lautel/et des autres
sacremens:en les prenāt ou traictant indignemt ꝗ ir/
reueremment/et en moult dautres manieres:en toutes
lesquelles manieres no9 rendons ingras enuers dieu

Puis doncques que no9 auons cōmis moult de deb
tes ou peches au regard des pains dessusditz q̃ auons
demandes par la quarte peticion:il est bien conuena/
ble que no9demādons a dieu par ceste peticion icy(di/
mitte nobis debita nostra)Pardonne nous ꝗ remectz
noz peches ꝗ debtes   Tiercement selon le docteur cy
prien affin q̃ tout hōme qui se vult aucunesfoiz dōner
gloire quil est innocent:cōgnoisse ꝗ soit instruict p ce/
ste peticion icy q̃ il nest iour que il ne cōmette peche:at
tendu q̃ dieu luy cōmande q̃l prie tous les iours pour
ses peches p ceste peticion icy.Et p icelle requerons a
dieu quil nous pardōne quitte ꝗ remette trops manie
res de maulx ou debtes/cestassauoir des maulx et pe
ches que auons commis. des biēs que auons laisse a
faire et obmis/et des biens dont auons abuse: et quil
nous face ledit pardō(Sicut et nos dimittimus debi

toribus nostris)Cest adire que il nous pardōne ainsi
comme nous pardonnons a ceulx qui nous ont offē/
ses.   Et par cecy appert que nous sommes astrais
τ obliges a pardonner a nostre prouchain τ aβne cha
cune personne le peche τ loffence quil a commise cōtre
nous βoire quant a la coulpe offense rancune et ma/
liuolence:que de ceβouldrions concepuoir. Combien
que nous pouons biē en iustice demander cōtre celuy
qui nous a offenses recōpense de liniure τ dommaige
quil nous a faiz.pourueu q̃ nayons point de mal ta/
lent rancune ne malueillance contre luy. Nous de
mandons doncques a dieu quil nous pardōne ainsi
que pardōnons.Par quoy pouons scauoir τ cognois/
tre que ne pouōs impetrer ne obtenir le pardōn que de
mandons a dieu de noz peches: se noᵘnc pardonnons
a ceulx quilz nous ont offenses.   Car cest la rigle et
loy que dieu nous a imposee:que seβoulōs auoir par
dōn aussi pardonner nous deuons: autremēt comme
dit la glose le fruict de nostre oroison est nul. Car cō
me dieu dit au βi.chapitre de saint luc.pardōnes et on
βous pardōnera. car se βous ne pdōnnes:βostre pere
dieu ne βous pardōnera poīt. Car comme dit saint
iaques au secōd chapitre de sa canonique.iugemēt sās
misericōrde sera fait ōtre celluy qui ne aura poīt fait
misericorde. Touteffoiz le saint docteur sainct tho
mas dit que quāt aucun dit ceste oroison leq̃l ne βeult
poīt pdōnner a son prouchain:cōbien quil ne disse pas
βerite quant a sa psonne en disant/pardonnes nous
cōme nous pardōnnōs: et pour ce il pert tout le fruict

de son oroisõ. Toutesfoiz il dit verite et ne mẽt pas eõ
tant quil parle al a personne de seglise De laquelle il
est quãt au nombre:combieõ quil neõ soit pas par me
rite.   Et pour ce dit icy Richard de saict victor.pour
uopeõ vng chascuõ quãt il dit ceste oroisoõ/pdonne noõ
comme nous pardõnõs et cetera/de se efforcet de faire
a vng chascuõ tel pardoõ comme il requiert que dieu
luy face.   Et eõpose aussi ceste peticioõ.pardõne noõ
aĩsi que nous pardõnõs que cest adire:que se pour au
cune fragilite ou malice sire dieu tu vois que nous ne
pardonnõs pas aĩsi que noõ deuõs:donnes noõ grace
de pdonner selõ ta voulente ainsi que faire le deuons
afiõ que noõ ayons de toy pardoõ dõnes nous que ay
mõs les hões eõ telle maniere:õ naymons pas leurs
erreurs que noõ aymons eõ telle faconõ leur nature:õ
noõ ne aymons pas leur coulpe.õ nous aymõs et desi
rõs õlz soiẽt en telle maniere:õ ne aimons pas õlz fa
cẽt mal.Et se aucuõ veult dire que nul ne la offẽse ne
iiurie:il est a respõdre quil ne dit pas vray.car tout hõ
me qui offense son prouchain il le offẽse.Car ainsi cõ
me dit saĩt Paoul au dipisme chapitre de la premiere
epistre auõ corinthiens.combieõ que nous soyõs plu/
sieurs:toutesfoiz nous ne sommes queõ vng corps eõ ie
sucrist.Et pour ce luy mesmes dit eõ lonziesme chapi
tre de la secõde epistre auõ corinthiẽs:que cest celluõ õ
est malade:dõt ie ne soye pas malade.que cest celluõ
qui est scandalise:doncie ne soye courrouce et brouille
    Et cõbien õ noz pechez nous soient pdõnes par les
merites de vne chascune des opacions de charite: tou

tesfoiz dieu attribue ce pardon icy plus a loeuure de p
dōner a aultruy q̃ aup autres oeuures pour trois rap
sons. Premieremēt pour son epcellēce en quop est de
monstree la singularite de lopacion p quop pdōnons
ct q̃ cest oeuure a dieu tresagreable. Et en signe de ce ie
suchrist pēdant en la croip/entre toutes les poses quil
dist:la premiere parolle fut a dieu le pere requerant p
dōn pour ceulp q̃ le crucifioiēt/en lup disant ce q̃ est es
cript au ppiii.chapitre de sainct luc.mon pere pdōnne
leur:car ilz ne sceuent quilz fōt   Secondemēt pour
sa correspōdance q̃ est de pdōner a obtenir pdōn.ainsi
[co]me Bopons au v.chapitre de saīt mathieu aup bea/
[ti]tudes q̃ p sōt escriptes: q̃ le loper correspōd aup meri
[t]en disant: biē eureup sont les misericordieup:cest le
[m]erite.car ilz auront misericorde:cest le loper/et ainsi
[des] autres.   Pour ce dit icp sainct augustin q̃ dieu a
[e]n noz mains a en nostre arbitre et Boulente cela
[par] pouons estre saulues ou dānes. Od dist il que
[la pou]ence de dieu ē inenarrable/ q̃ na Boulu q̃ hōme
[se de]monstre si briefue Bope destre saulue/ cōme
[dire]ct il te sera pardonne   Et le docteur
[côme] tu ne peulp auoir epcusaciō au
[jour car] tu seras iuge selon ta sentence/
[côme] tu auras fait   Tiercement
[pour de]mōstre que lamour q̃ auōs
[envers dieu est] a lup agreable:se elle ne
[est envers ceulp] q̃ nous ont offēsez
[dit le psal]miste a dieu. Sire tō
[....] Et cecy nest pas sans

raiſoŋ.car pour ce q̃ dieu eſt inuiſiḃle:et q̃ lamour que
auons aucuneſfoiz a luy neſt pas ḃraie amour/com
bieŋ quelle reſẽḃle a ḃraie amour.pour ce il a ḃoulu q̃
nous cõgnoiſſons et eſprouuons ſe lamour que auõs
enuers luy eſt ḃraie eŋ eſtendãt ſoŋ amour iuſques a
aymer ſõme pour luy.Leq̃l eſt ḃiſiḃle ẏmaige de dieu
q̃ ne pouõs mieulp̃ eſprouuer ſẽſiḃlemt ſe ceſte amour
eſt ḃeritaḃle : q̃ eŋ leſtẽdãt pour lamour de dieu iuſq̃s
a noſtre ennemy q̃ no⁹ a offenſe.laquelle eptenſiõ ou
eſtente eſt cõme contre nature.   Car ſe aulcuŋ ayme
ſoŋ prouchaĩ q̃ eſt ſoŋ ennemy qui la offenſe: il eſt cler
que ce neſt pas par amour naturclle:maıs eſt pour la
mour de dieu q̃ par charite Et eŋ ceſte ḃ.peticiõ nous
demandons le doŋ ou eſperit de ſcience:par lequel no⁹
puiſſons entendre noz pecḣes q̃ delictz:et la grandeur
q̃ peril diceulp̃ et les pleurer: et puis eŋ auoir conſola
cioŋ Car ſcience nous adreſſe eŋ luſaige des choſes tẽ
porelles a euiter mal et deſirer bieŋ.

.Le p̃ḃiii.chapitre Eppoſicioŋ de la ḃi.peticion/ceſt
aſſauoir(Et ne nos inducas iŋ tentacionem)
l   E ſecond mal ou malice q̃ no⁹empeſche dauoir
        grace et gloire ſeloŋ les troẏs premiers petici/
oŋs q̃ auſſi de donner a dieu gloire ceſt mal bataille q̃
temptaciõ qui nous donne crainte de cõmettre pecḣıe
le temps aduenir.ꝛtre la q̃lle malice eſt ordõnee la ḃi:
peticioŋ(et ne nos inducas iŋ tẽptatõem)ceſt adire:ꝗ
ne nous induitz pas et pmetz cheoir eŋ tẽptaciõ.car ꝗ
eſt ẏſſu du pecḣe craint pl⁹a ẏ retourner.q̃ eŋ eſt pl⁹ḣũ

ble:¿ craint la tēptacion cōme celluy q̃ a este eschaude
craint leau chaude.   Et est a entēdie que dieu ne no⁹
induict pas a tēptaciō p ce q̃l no⁹ face cheoit et pecher
mais p ce q̃ il seuffre ¿ pmet q̃ aucuy choye et subcōbe
ey tēptaciō:quāt p la faulte de lhōme il na pas saide
de dieu pour y resister.   Et aussi a noter q̃ nous ne de
mādōs pas adieu q̃l empsche que ne ayōs pas des tē/
ptacions cat se no⁹ nauiōs aucunes tēptacions:ce se
roit faire endoimir les vert⁹ ¿ pdicioy de moult de me
rites.   Nous ne luy demandōs pas aussi q̃l nous en/
uoye des tēptacions:car ce seroit presūpciō de noz me
rites.Mais nous luy demandons treshumblement
Et ne nos inducas ¿c.Cest adire:sire plaise toy q̃ se tu
seuffres ¿ pmetz q̃ soyons temptes:¿ soyons menes a
auoir tēptaciō/affiy q̃ soiōs excercites ey vertus ¿ ey
merites:¿ q̃ ayons victoire.toutesfois ne seuffre pas
¿ ne pmetz q̃ soyōs induictz subcōbes ne vaincus par
consentemēt a la tēptacioy:mais q̃ surmōtoy ¿ aions
victoire. Et cecy nous obtenons de dieu quāt il nous
dōne puissance ¿ faculte de resister Ou quāt il dimi/
nue tant la tēptacioy:q̃lle na pas victoire.cat cōe dit
saint pol au v.chapitre de la premiere epistre aux coī
thiens.dieu est si loyal quil ne pmet iamais que soies
temptes oultre vostre puissance:ains vous sera ayde
¿ secours seloy la grandeur de la temptacioy Le fait
aussi aucunesfois quāt il ne pmet plus q̃ oy ait des tē
ptaciōs,mais ceste maniere ne aduiēt pas si noy aux
gens parfais: et au regard des temptacions q̃ sont p
dedās lhōme de sa chair:ainsi cōme il aduint a la vier

ge marie.   Et cõme dit cyprien en ceste peticion no9
est bien demõstre q̃ iamais nostre aduersaire ne peult
rien ptre nous:se dieu ne lup a premieremẽt permis a
fin q̃ p ce soions incites ad ce que toute nostre crainte et
toute nostre deuocion se conuertisse a dieu sans lequel
et son apde nul ne peut perseuerer en bien q̃l ne choie p
temptacion: a a laq̃lle lup seul ne peut apder. Laq̃lle
pseuerance en bien lup demandons hũblemẽt par ceste
peticiõ.   Nous deuons aussi entẽdre q̃l est troys ma/
nieres de tẽptacion/en laq̃lle demãdons ne estre poĩt
induitz ne subcõbes. La premiere se fait p nostre chair
La seconde p le dyable: a la tierce par le monde.   La
premiere temptacion a assault nous est liuree par no/
stre chair en deulp manieres. Premierement en nous
distraiãt de bien faire. Car cõbiẽ q̃ nrẽ esperit soit na/
turellemẽt inclin a bien faire:toutesfoiz nostre chair ẽ
infecte par le pechie des premiers parens: et continue
lemẽt bataille contre nostre esperit a lesperit cõtre elle
comme dit saĩt paoul au v.chapitre de son epistre aup
galathiens. Et comme il est escript au ppvi. chapitre
de saĩt mathieu: lesperit est prõpt/a la chair ẽ malade
Et saĩt pol rescript au vii.chapitre de sõ epistre au ro
mains disãt: Je me delecte en la loy de dieu selon mon
esperit a raisõ:mais certainemẽt ie Boyvne autre loy
en mes mẽbres q̃ repugne a est cõtraire a la loy de mõ
ame a de mõ esperit   Car cõme dit le saige au ip.cha
pitre de sapiẽce/le corps q̃ se corrõp agraue lame He
condemẽt la chair nous tẽpte en nous inclinãt a mal
et aup plaisances et voluptuosites de la chair.   De

quoy parle ſaint Jaques au premier chapitre de ſa ca
nonique diſant:q̃ vng chũn eſt tẽpte de ſa cõcupiſcẽce
de laq̃lle il eſt atire ꞇ alechie.   Et ſaint gregoire par/
lant de la grauite de ceſte tẽptaciõ du q̃l neſt point de
peſtilence de plus grant efficace et puiſſance a nupre
q̃ de lennemp familier La ſeconde maniere de batail
le ꞇ tẽptaciõ nous eſt dõnee p le dyaßle.   De laq̃lle
nous parle ſainct pierre au.v.chapitre de ſa premicre
epiſtre en no⁹ diſãt: Voſtre aduerſaire le dyaßle eſt cõe
vng lyon rugiant q̃ vous enuirõne ꞇ quiert ꞇ ſerche q̃l
vo⁹ puiſſe deuoꝛer.et pour ce reſiſtes luy:ꞇ ſopes foꝛs
en la foy.   Et dit icy Richard de ſaint Victoꝛ q̃ le dya
ßle no⁹aſſault ꞇ tempte en toutes manieꝛes poſſibles
et ſe effoꝛce de no⁹ induire generalemẽt a toute iniq̃te
ꞇ nous tẽpte Premieremẽt en nous alechant a faire
mal ſoubz eſpece ꞇ ſimilitude de bien/ ou pꝛouffitaßle
ou delectaßle en couurãt ꞇ celãt le mal/ Venin ꞇ coul/
pe a quoy il nous induit:affin que ſoubz vmbꝛe de biẽ
nous facons mal ꞇ yſſons hoꝛs de verite ꞇ de la dꝛoite
voͤye. De quoy parle ſaĩt pol au ſecond chapitre de la
ſecõde epiſtre aux coꝛinthiens diſant:que ſathanas ſe
trãſpoꝛte ꞇ fait apparoir cõme ange de lumiere. Se
condement nous tente en faiſant q̃ defendons et ſou
ſtenons oꝛguilleuſement le mal q̃ auõs fait affin que
ne nous releuõs p penitence/ꞇ en moult dautres ma/
nieꝛes Tiercement nous ſommes temptes du mõ/
de/ceſt adire que p conſideracion des biens tempoꝛelz
de ce mõde icy nous cheon en moult de mauuaiſes af
fections enuers iceulx biens.   Et premieremẽt p ad/

f i.

uersite:p laqlle souuēt cheons en impacience/ deselpe
rance/murmure cōtre dieu et contre noftre prouchain
ēnup de noftrebie.blafpheme de dieu:ɫ beaucoup des
auttes maulp.   Secondemēt et dip foiz plus en pro/
fperite:qui nous fait chaper en toutes manieres/dor
gueil.cnuie.parefce.lupure.gloutōnie/et auffi des au
tres peches dip fois plus que par aduerfite,de quop p
le le pfalmifte dauid en difant a dieu. Sire ie cōgnois
ɋl chiet(ceft adire p peche)mille pfonnes de ton coufte
ceftaffauoir de aduerfite:mais il en chiet dip mil de ta
deptre/ceft adire par profperite Et en cefte bi.peticiō
felō la glofe no9 demandons le don de pitie:auquel re
fpond la bertu de bōnairete qui fait poffider la terre.

Le pip.chapitre Ɛppoficion de la bii.ɫ derieniere
peticion/ceftaffauoir(Sed libera nos a malo)
l   A tierce malice/eft le mal de peine ou tribulaci
        on qui eft mal prefent:laquelle nous empefche
fouffifance debie ɫ des biens dc nature/ou de fortune
lefquelz nous auons demādes par la quarte peticion
(Panē noftrū quotidianū (ɫc)contre leɋl mal eft ordō
nee la bii.peticiō(fed libera nos a malo)ceft adire: de
liure nous de peine. Laquelle peticion eft cōuenable
mēt mife apres la peticion bi.deffufdicte.car cōme dit
faint Auguftin nous deuons prier a dieu/nō pas feu
lement ɋ ne cheon point en mal qui eft aduenir/et leɋl
ne auons pas encores:mais auffi ɋ foyōs deliurez de
mal lequel no9fouffrons defia en difant.fire deliures
nous de mal/ceftaffauoir de tout peril tant des eauel

de delices que des larrõs/cest adire des dyables et cõe
des mauuais hões/en toutes lesquelles choses et pᷓu
sieurs autres sommes souuent en grãt peril.cõme dit
saint pol au ᵖi.chapitre de la seconde epistre aux cori
thiens.   Ou deliure nous de mal/cest adire de troys
manieres de maulᵖ:cestassauoir de peine temporelle.
de peine de purgatoire/et de peine denfer eternelle.

Et entre les peines temporelles principalement de
liure nous de la peine de lesguillon de la chair ⁊ nour
rice de peche ᷓ empesche dauoir gloire.   Et dit icy Ri
chart de saint Victor que noᷱ demandõs icy a dieu:sire
deliure nous de tout mal/du mal du corps, du mal de
lame.du mal de coulpe.du mal de peine. du mal de ce
present siecle:et du mal du siecle aduenir.   Sire de
liure nous de tout mal,car se tu ne nous deliures noᷱ
ne pouõs estre deliures de nul mal ne se faigne destre
petit.Et nous demandons icy estre deliures de toᷱ ces
maulᵖ en autres diuerses manieres/cestassauoir des
maulᵖ des peines denfer que ne les souffrons en quel
conque maniere: ⁊ des autres maulᵖ des peines de ce
monde nous en demãdons estre deliures en telle ma
niere:que ne soyons point ᵖ iceulᵖ Vaicus que en che
ons en peche.   Et de ces maulᵖ icy nous en pouons
estre deliures en trois manieres.Premierement ᵖ sup
portacion.secondemãt par consolacion/⁊ tiercemẽt par
obliance ou obliuion.   Premieremẽt par supportaciõ
cest adire par paciẽce:laquelle fait que supportõs les
peines ⁊ tribulacions/⁊ sont a nostre grant bien.Car
comme dit sainct pol aux romains au Viii.chapitre a
f.ii.

ceulp q̃ aymẽt; dieu toutes choses leur biennẽt a leur
bien et mesmes leurs temptacions. Et pour ce nous
ne priõs pas eñ ceste peticiõ q̃ soiõs deliurez de tẽtaciõ
ne de aduersites:mais q̃ soiõs deliures de mal.car les
aduersites profitẽt aup iustes a leur gloire quãt il les
tolerẽt p̃ paciẽce.car les autres vertꝰ fõt bien vser des
biẽs q̃ lõe a:mais paciẽce fait biẽ vser lhõe des maulp
q̃ luy biẽnẽt ⁊ a soñ profit ⁊ salut. En la p̃sone desq̃lz
ple fait pol au iiii.chapitre de la secõde epistre aup corinthiẽs disãt.noꝰ souffrõs tribulaciõ:mais noꝰne sõ
mes poit angoisses ne toimẽtees. Secõdemẽt noꝰpri
ons ⁊ demãdõs estre deliurez des maulp de la peine de
ce mõde icy p̃ cõsolaciõ.de laq̃lle lapostre plãt au pie-
mier chapitre de la secõde epistre aup corinthiẽs dit de
dieu:q̃ cest celup q̃ noꝰdõne ⱷsolaciõ eñ toute tbulatiõ
⁊ aĩsi q̃ les passiõs de ihūcrist abõdẽt eñ noꝰ:sẽblable-
mẽt p̃ iesucrist nostre ⱷsolaciõ abõde eñ noꝰ. Et saint
bernard dit q̃ dautant que noꝰsouffrons peine ⁊ tribu
laciõ pour lamour de dieu:dautant nostre cõsolacion
abonde par iesucrist. Tiercemẽt nous priõs ⁊ demã
dons estre deliures desdictes peines p̃ obliãce dicelles
laq̃lle vient voulentiers des cõsolacions precedentes
    Et pour ce dit salomon au pppi.chapitre de ses p̃-
uerbes.donnes du sidie a ceulp q̃ sont eñ tristesse:⁊ dõ
nes du vin a ceulp q̃ sont eñ amertume de cueur affiñ
q̃lz eñ boyuẽt et oblyẽt leur necessite:⁊ q̃lz nayẽt plus
memoire de leur douleur.Car liesse espirituelle q̃ est si
gnifiee p̃ le vin rauit oucunesfoiz eñ telle maniere no
stre ame ⁊ espit q̃lle fait reputer toutes les peines dou

leurs/τ tribulacions q̃ on seuffre estre cõe vng nyent
et les fait oblier pour lamour de dieu. De laq̃lle obli
ance parloit Joseph au chapitre de genese priant dieu
Sire dieu faiz moy oblier tous mes labeurs. Et sait
Augustin parlant de ceste derreniere peticiõ dit ainsi
que ce que no⁹ demãdõs a dieu:sire deliure no⁹ de tout
mal:est demãde si treslarge et estendue. q̃ tout hõe cre
stiẽ en quelque tribulatiõ q̃l soit:doit en ceste demãde
τ en ceste maniere faire ses gemissemens a dieu: τ luy
doit espandre ses lermes. Et en quelle maniere lhõe
face son oroison:il la doibt finer et terminer en ceste de
mande. Et selon vne glose par ceste derreniere peti
ciõ nous demandõs a dieu lesperit et don de crainte/
p lequel nous sõmes nestoies du mal present quãt sõ/
mes fais poures desperit: p laquelle pourete desperit
nous obtenons le royaulme des cieulx pour nostre lo
yer

Le ꝼꝼ.chapitre Exposiciõ de ce mot τ conclusiõ
de ceste oroison/cest assauoir(Amen)

e   N la fin de ceste oroison est mise conclusion/en
       disant(amen)lequel est aulcunesfois cõe vng
verbe optatif/τ adonc cest adire:nous desirõs q̃ ainsi
soit fait/et no⁹soyent dõnees les graces que auõs icy
demandees veritablemẽt et loyalement:cestassauoir
que tõ nom soit sãctifie tõ royaulme bienygne ànous
et ainsi des autres peticiõe cõme ilz ont este exposees
icy dessus Et en ceste maniere amen vault autant a
dire:cõme fiat/soit fait. Et aulcunesfois cest vng
aduerbe/τ signifie autant comme veritablemẽt et lo
                                                    f iii.

paumēt.En laquelle maniere il ē a entēdre au.v.cha
pitre de saint mathieu quāt il est dit.amen dico vobis/
cest adire veritablemēt ꝗ lopaument ie vous dis ꝛc.
    Tiercement aucunesfois cest vng nom/et lors il
signifie autant comme verite ou veritable. et ainsi le
prent saint Jehan au tiers chapitre de son apocalipse
quant il dit.hec dicit amen testis fidelis/cest adire ve/
rite ou cellup ꝗ est veritable dit ces choses icp:ꝗ est lop
al tesmoing   Et ce mot icp amen en quelque signi
ficacion quil se prengne:icp y est appose comme vne a/
daptacion.conclusion.cōfirmacion/ꝗ conseruacion de
toutes les choses conteuues en ceste tressacree oroison
    Et selon saint Jehan cest le signacle de loroison do
minicale par le quel no⁹ est admōneste que sans quel
que doubtance dieu nous donne tout ce que lup demā
dons p ceste tressaincte oroison/pourueu ꝗ pdonnons
a ceulp qui no⁹ ont offenses/ꝗ que ne empeschōs dieu
quil nous le donne. Cōe se nous disions selō maistre
Richart de sainct victor:veritablemēt ꝗ lopalemēt tō
nom soit sanctifie.tō ropaume aduiēne: et ainsi des
autres peticions.Et icp est la fin dela dicte oroison.
    La tierce partie de ce present traictie/en laquelle
sont cōtenus aucuns chapitres pour mieulp entendre
la dicte oroison/ꝗ toutes autres.Et premieremēt pour
le ppi.chapitre:ꝗ ne deuons point demāder les choses
temporelles pour sop/ne absolument:mais soubz cō/
dicion silz prouffitent a nostre salut/ꝗ que les choses
qui ont peche annepe ne doiuent estre demandees.

c   Ombien quil ait este cy dessus dit quelle chose
nous deuons desirer et demander/ et en quelle
ordre/& condició: Toutesfois pour le cógnoistre plus
clerement on peut eslire de ce que dit est q̃ nous deuós
euiter trops choses en oroison. Premieremẽt que ne de
mandós en mauluaise ordre en demãdãt premierefit
ce q̃ deuons demander derrenieremẽt. Secondemẽt q̃
ne demandons simplemẽt & absolument: ce q̃ deuons
demander seulemẽt soubz condicion. Tiercemẽt q̃ ne
demãdons ce que ne deuons demãder en q̃lcóque ma
niere.   Premierement quãt a lordre de ce q̃ deuons de
mãder: il appert assez par ce q̃ dit a este, que nous deuós
premieremẽt demãder les biens eternelz & espirituelz
q̃ les biẽs tẽporelz ainsi cõe les deuons premierement
& principalement desirer. car q̃ demande premieremẽt
& principalefit les biens tẽporelz: il peruertit lordre et
fait ses oroisons viles/ & deshonnore dieu cõe sil auoit
les choses temporelles plus chieres/et les aymoit mi/
eulx en les demãdãt adieu: q̃ il ne ayme dieu qui est le
bien eternel au quel sommes ordonnes par les biẽs es
pirituelz: du quel il veult obtenir lesditz biẽs tẽporelz.

Et pour ce dieu a voulu donner lesditz biens tẽpo
relz aux mauuais: affin que les bõs desprisent lesditz
biens. Ainsi cõme dit saint augustin.   Pour quoy dit
bede q̃ celluy qui fait oroison (cest adire principalefit
& absolument) pour les richesses ou honneur de ce sie/
cle/ou pour la mort de sõ ennemy: il fait adieu prieres
viles: & se gist bas en terre.   Secondemẽt quãt a la
condició de demander il est a noter: que nous deuons de

mander les choses temporelles/ non pas simplemēt (t
absolumēt: mais seulement soubz condicion/cestassa
uoir:sil est ainsi que dieu cōgnoisse quil nous est expe
dient de les auoir. ou soubz cōdicion:se dieu beult que
les ayōs/qui est tout bng. Car il est escript dc dieu au
bi.chapitre de saint mathieu:beritablement dieu bo/
stre pere scait quelle chose bous est bōne/prouffitable
et salutaire deuant que luy demandes   Et nous de
uons tenir pour certaī que se luy demandōs chose qui
soit simplemēt bonne pour nous et salutaire:il a bou
lēte de la nous donner.car il nous ayme mieulp que
no⁹ ne nous aymons no⁹ mesmes. (t luy mesmes no⁹
a enseigne ceste cōdicion au pp bi.chapitre de saīt ma/
thieu.par ce que quāt il fist sō oroisō a dieu sō pere au
iardiu doliuet il y adiousta:toutessfois mō pere ne soit
pas fait cōe ie beulp/cest adire quant a la sensualite:
mais cōe tu beulp.   Et pource no⁹ ne deuōs point de
māder a dieu sīplemēt et absolumēt la sante de nostre
corps/car souuētessfois elle nous est moult nuysible (t
no⁹ fait cōmettre plusieurs pechez/ desquelz sommes
preserues p maladie.   Pour ce prioit saint augustiu a
dieu:sire pource q̄ ne scay quelle chose mest proffitable
quāt a la sāte et salut de mon corps: ie la te recōmāde
(t cōmetz pour en faire ton bon plaisir   Sēblablemēt
ne deuons demander absolumīt q̄ ne ayōs aucune tri/
bulation aduersite ne tētacion.car mesmes sainct pol
priāt trois foiz a dieu q̄l le deliurast de lesguillon de la
chair q̄ fort le tētoit:il oult response de dieu:q̄ il dcmā/
doit contre soy (t a son dōmaige.   Car cōme dit sainct

geroifme il luy eftoit trop meilleur q̃l euft cefte mala
die ⁊ tentacion:q̃ quil en feuft deliure ⁊ cõmift fornica
cion.luy eftoit plus prouffitable q̃l feuft tormente par
foiblefse et debilite: q̃ ce que luy qui eftoit tẽple de iefu
crift feuft fait membres de folles femmes. Pareille
ment ne deuons demander abfolument richeffes. Et
de ce auons exemple au faige falomõ.leq̃l pria a dieu
ainfi quil eft efcript au xxx.chapitre de fes prouerbes
Sire ie te prie que ne me dõnes poĩt trop grans richef
fes⁄affiŋ que par aduenture fe ieŋ eftoye remply:ie ne
te npaffe eŋ difãt:qui ẽ celluy qui eft feigneur⁄⁊ cetera

    Car fouuenteffois richeffes nuyfent a ceulx q̃ les
poffidẽt Pour ce noꝰdit faint Ambroife.quãt tu pries
dieu:requiers luy grãs chofes⁄ceft adire:chofes eterne
les nõ pas caducques Nayes poĩt boulẽte de le prier
pour argẽt:car ce neft q̃ rouil.ne le prief pour poffeffiõ
car ce neft q̃ terre. Telle oroifoŋ ne bient poĩt iufques
a luy:car il ne exaulce poĩt ce q̃l ne repute poĩt eftre di
gne q̃l le donne. Delices auffi ne doiuent point eftre
demãdees par oroifoŋ abfolument. Pour ce dit faĩt
Jehaŋ crifoftome: fe tu demãdes chofes charnelles ⁊
terriẽnes:ou tu ne les impetres pas⁄ou tu les ĩpetres
a grant peine ⁊ difficulte: et neft pas de merueilles cõ
me il dit.car comme te donnera boulentiers dieu ces
chofes icy quãt tu ne les as pas:lefquelles il te amõ⁄
nefte que tu les cõtempnes fe tu les as. Honneurs
auffi mondains ⁊ tẽporelz⁄et les matieres diceulx ne
doiuent pas eftre demandes fimplemẽt ⁊abfolumẽt⁄
cõme offices.benefices⁄ou autres prelatures ⁊louen

ges Et pour ce quant les filz de zebedee admonneste
rēt leur mere q̄lle demandast a iesucrist tel hōneur/q̄
lung deulx feust a sa dextre et lautre a sa senestre: Il
leur respondit au v.chapitre de saint Mathieu .Vous
ne scaues que vo⁹ demādes, Pour entēdre toutesfois
ce que dit est/il est a noter ainsi cōe dit le saint docteur
sur ceste matiere:que no⁹ pouons biē licitemēt desirer
et demander les choses temporelles dessusdictes/ non
pas principalement que no⁹y mettons ꞇ constituons
nostre fin/ꞇ que pour lamour diceulx no⁹ rompōs les
cōmādemēs de dieu: mais les pouōs desirer ꞇ deman
der cōme organes/moyēs ꞇ īstrumēs pour no⁹aider a
acq̄rir beatitude:en tāt q̄ par iceulx biēs tēporelz no/
stre vie est soustenue sustentee. ꞇ q̄ ilz nous seruent a
exercer les opacions des vertus/cōe aumosnes et sa
crifices adieu ꞇc.et seruent a nous vestir/et en vser se
lon lestat ꞇ condicion de la psonne q̄ en vse/ꞇ ainsi q̄l ē
conuenable ꞇ decent auecq̄s ceulx auec lesquelz on cō
uerse Et en ceste maniere sont demādes les biens tē
porelz par ceste oroisō dominicale p la quarte peticion
cestassauoir:panē nostrū quotidianū ꞇc. Et apres les
trois premieres peticions/p lesquelles on demāde les
biens espirituelz et eternelz/en demādant lesditz biēs
temporelz: en tant q̄lz ordōnēt ꞇ soubz ꝯdicion q̄lz pro
fitent ausditz biens espirituelz et eternelz.   Tierce
mēt quant ad ce que on ne doit en q̄lconque maniere
demander/il est a noter:q̄ iamais on ne doit faire oroi
son ne demāde adieu pour obtenir quelcōque chose en
laq̄lle obtenant auroit aucune malice de coulpe ou de

pechè annexe ou enuelope/cõe se demandons vengen
ce de nostre ennemy. Pour quoy nous dist sainct Au
gustin:quãt tu pries a dieu q̃l punisse ton ennemy ꝗ te
veulx resiouyr du mal dautruy:tu faiz en tãt q̃ a toy
est dieu coulpable de ta malice/ꝗ ne te loues pas:ains
le reprens. Et pour ce il te respond p le psalmiste:mas
tu ainsi fait.as tu estimaciõ mauuaise q̃ ie seroye sem
blable a toy ꝗ mensongier? Certainemẽt qui veult
prier dieu en gardant les rigles dessusdictes/cest adire
q̃l demande seulemẽt ce qui est a demander: ꝗ en telle
orde/condiciõ et maniere comme il doibt demander:
il ne obtient pas seulemẽt de dieu ce q̃l dcmãde: mais
souuentesfois obtient plus quil ne demande. Cõme
appert p exemple du saige salomõ au tiers chapitre
du tiers liure des roys.leq̃l demanda adieu seulemẽt
pour toutes choses sapience/ꝗ dieu luy respondit.Sa
lomõ/pour ce q̃ tu mas demãde sapience seulement:
ꝗ ne mas point demande lõgue vie/ne richesses/ne vẽ
gence de tes ennemys ꝗc.ie tay fait selon ta demãde ꝗ
si ay plꝰ fait.car ie tay dõne ce que tu nas pas dcman
de/cestassauoir richesses ꝗ gloire ꝗc. Et sẽblablemẽt p
lexemple de zacharie pere de saĩt Jehan baptiste.leq̃l
demandoit tant seulement a dieu la deliurãce du peu
ple:ꝗ ne luy dcmãdoit point lignee:car il nauoit plus
desperãce dẽ auoir:touteffoiz il desseruit que dieu luy
fist dire p lange.zacharie:ton oroisõ est exaucee.cõme
il est escript au p.chapitre de sainct luc.cõme sil luy di
soit:zacharie tu es exauce en plus q̃ tu nas demande
Car tu as seulemẽt demande la deliurance du peuple

de Israel:mais oultre ce il test octroye que tu esigēdie
ras le precurseur de Jesuchrist redempteur du peuple/
Cestassauoir sainct iehan baptiste.

Le xxii.chapitre

Dix condicions qui disposent bien celluy qui prie
pour obtenir ce quil demande par oroison

affin q on cgnoisse en quelle maniere doit estre
dispose celluy q prie pour obtenir ce ql demāde
et requiert a nostre seigneur par son oroisō:icy
seront mises dix condicions ou disposicionf qui sont a
ce moult prouffitables entre les aultres   La premie
re que celluy q prie:prie humblement   Ainsi cōe fist le
publicain au xViii.chapitre de sainct luc/lequel estoit
loing a ne osoit leuer les yeulx ou ciel/ mais frappoit
sa poitrine en disāt: sire dieu soyes propice a moy pou
ure pecheur:a pour ce il sen retourna iustifie.   Et sem
blablemēt fist la cananee. Laqlle en priant iesucrist se
compara au petit chiē q menga les myettes dessoubz
la table p humilite: cōme il est escript au.xV. chapitre
de saint mathieu   Et cōme fist le centurion/priant a
dieu p humilite. Sire ie ne suis pas digne q tu entres
en ma maison.ac.Lōe il est escript au.Viii.chapitre de
sainct mathieu   Et aussi cōe il est escript de lenfant
prodigue au xV.chapitre de sainct luc disant.pere iay
peche au ciel a deuāt toy:a ne suis pas digne bestre ap
pelle ton filz:fay moy cōe vng de tes petis seruiteurs
et mercenaires   Et cōme fist la glorieuse magdelene
laqlle se tint derriere empres les piedz de iesucrist: les
arrosa de ses larmes/torcha de ses cheueux/a baisa de

sa bouche treshumblemēt/pourquoy elle oßtint miseri
corde:ɛ fut faicte de tresgrāde pecherresse ßne des pl⁹
grandes sainctes q̃ soit en paradis . dōt il est escript au
ßii.chapitre de saint luc.   Et certainement tous les
dessusditz p humilite de leur oroisō obtindrēt ce quilz
demandoient   Et ce nest pas merueille.car cōme dit
lecclesiastique au.xxxß. chapitre: loroisō de cellup q̃
se humilie perce les nues:ɛ iamais ne ptira de deuant
dieu iusques ad ce q̃ lup q̃ ē treshault lait regarde/cest
a dire cōe dit la glose q̃ oroisō q̃ est ßng bō messager ɛ
legier pce les nues/cest adire ßa iusques deuāt dieu ɛ
iusq̃z au trosne de la misericorde diuine en passāt pmi
les cieulx pmy les puissances:et tous les anges/par
my tous les sainctz:ɛ p attrautes des peches en les de
rompāt.ɛ ne sen retourne poīt:cest adire de la court ce
leste ne de deuātla face de dieu iusq̃z a ce q̃ le treshault
dieu y regarde:cest adire p loeil de sa misericorde en ley
aussant.   Et cecy ce fait tousiours infalißlemēt mes
memēt quāt cellup q̃ prie:prie piteusemēt ɛ pour soy ɛ
pseuerēment. Car cellup q̃ prie piteusemēt il demāde
chose au salut bōne ɛ necessaire:et de piteuse affectiō
laq̃lle dieu iamais ne refuse a hōe:pouuueu q̃l pseuere
en sa priere piteusem̃it sans faire peche ou autre chose
ad ce ptraire. Et mesmes quāt il prie pour soymesmes
car il ne met point dēpeschemēt a auoir ce q̃l demāde:
puis q̃ il ptinue en demāde piteuse. mais se il prioit pi
teusemēt et pseuerēment pour ßng autre:cellup pour
q̃ il prie y pourroit donner empeschemēt.   La secōde
disposiciō du priant est q̃ son oroisō se face en cōfidēce

de obtenir ce ꝗ on demãde se on ne dõne de sop mesmes
empeschemẽt.   Pource dit saint iaques au pꝛemier
chapitre de son epistre ꝗ lhõme pꝛie en foy sãs auoir ꝗ̃
que douꞵtance/cestassauoir ꝗ̃l ne obtienne. Car il est
escript au ppi.chapitre de saint mathieu, tout ce ꝗ ꝟoꝰ
demanderes en oꝛoison en bõne cꝛeance ꝟous le obtiẽ
dꝛes   La tierce condicion que il est bon de faire bꝛiefue
oꝛoisõ. Car dieu nous admonneste au.ꝟi.chapitre de
saint mathieu, quant ꝟous prieres:ne parles gueres
    Qui est a entendꝛe de polleꝟocalle multipliee sans
affectiõ/ne deuocion.car souuentesfois deuociõ est de
stainte p lennemy de longues parolles.car en telle pꝛ
lipite ꝛ lõgueur de polles souuẽtesfoiz le diaꞵle rauit
nostre pensee.et quãt nous faisons bꝛiefue oꝛoison eꝰ
grant deuocion:cest cõe se emꞵliõs au dꝑaꞵle ce ꝗ noꝰ
obtenons. Toutesfois se aucuꝰ est si pfait ꝗ̃l puisse
faire lõgue oꝛoison eꝰ pseuerãt tousiours en deuociõ
cest chose meritoire ꝛ bonne.   La quarte ꝗ soyons at
tentifz. Car cõe dit saint Augustiꝰ toꝰ oꝛoisoꝰ te fait
pler a dieu   Dꝛ se ꝟng hõme parloit au roy eꝰ luy ꝛ̃
ꝗ̃rãt aucūe chose:ꝛ ꝗ il interrõpist sa demãde eꝰ qua/
ꝗ̃tãt et plãt a ꝟng autre ꝛ lessãt le roy suspẽs:il est bıẽ
cler ꝗ̃l ne obtiẽdꝛoit riẽ du roy si nõ ïdignaciõ ꝛ mesmo
ꝶit quãt il pleroit daucūe chose ꝁtre la maieste du roy
ꝛ aïsi ẽ il a entẽdꝛe de ceulp ꝗ̃ interrõpẽt leurs oꝛoisõs
ꝗ̃lz font a dieu sans y pẽser:ꝛ mesmemẽt quãt ilz pẽ
sẽt a autres choses ꝛ interrõpẽt leur oꝛoison p aucune
oeuure de peche.Pour ce dit saint iehã cꝛisostome. Se
noꝰmesmes ꝗ pꝛiõs dieu noyõs pas nez oꝛoisõs:cõme

prioꝛes no9 a dieu ꝗl ope noꝛ oꝛoiſõs Et ȗne gloſe dit
ſur ce mot du pſaultier p̃ leꝗl diſõs a dieu:ſire attẽs a
la ȗoiꝺ de nr̃e oꝛoiſõ:ꝗ dieu entẽd a cellny ꝗ eſt atten/
tif.Et pour mieulꝺ entẽdꝛe ce ꝗ dit eſt le ſaïct docteur
ſaït thomas dit ꝗ adce ꝗ loꝛoiſõ ſoit meritoire ꝗ ïpetra
tiue:il ſouffiſt ꝗ la foꝛce de la premiere bõne intẽcioŋ ꝗ
attẽciõ/eŋ laꝗlleȗng hõe ꝗ eſt eŋ grace cõmence a pꝛi
er demeure p̃ toute loꝛoiſõ:mais ſe la foꝛce et ȗertu de
la dicte premiere intẽciõ ŋp demeure loꝛoiſõ neſt plus
meritoire ne impetratiue.Et de ce pl̃e ſaït gregoire di
ſant:ꝗ dieu ne eꝺaulce poït loꝛoiſoŋ a laꝗlle ne attent
point celluꝺ ꝗ pꝛie Mais a ce ꝗ celluꝺ ꝗ pꝛie ait a ſoŋ
oꝛoiſõ ꝗ obtiẽne ȗne refectiõ ou delectaciõ eſpirituelle
laꝗlle ont ſouuẽt ceulꝺ ꝗ pꝛient eŋ grãt deuociõ:il luꝺ
eſt neceſſaire ꝗl ſoit attentif actuellemẽt nõ pas auꝺ
paꝛolles quil dit:mais a dieu leꝗl il pꝛie/ꝗ a la choſe la
ꝗlle il demãde:et meſmemẽt a dieu.Car aucuneſfois
oŋ pꝛie dieu de ſi grande deuocioŋ ꝗ eſt oŋ ſi attentif a
luꝺ:que oŋ oub>lꝺe la choſe que oŋ demande ꝗ ne penſe
l̃eŋ ſi noŋ a dieu:et adoncꝗs loꝛoiſoŋ eſt treſmeritoire.

La cinquieſme diſpoſicioŋ de celluꝺ qui pꝛie ceſt de
uociõ/ſaquelle deuociõ neſt autre choſe: comme dit le
ſainct docteur ſi noŋ ȗoulente deliberee de bailler ꝗ eꝺ
poſer ſoꝺ/ꝗ ce que oŋ a ꝗ peult a ſeruir et honnoꝛer dieu
et ſe a ſubgectiſſant totallement ꝗ deuouant a dieu/ꝗ
ſans ceſte deuocioŋ icꝺ tous ſacrifices ꝗ oꝛoiſons ſont
ſecz ꝗ eŋ ſecherreſſe.car elle eſt comme la mouelle de ſa
crifice: et ſans icelle oꝛoiſoŋ neſt point ſauouꝛeuſe ne
redolẽte deuãt dieu.Et eſt a noter que quãt il ȗiẽt au

cunes ordes cogitaciōs ⁊ penfees quāt on eft en oroifō
ilz ne oftent pas pour tant le merite/ne limpetraciō
de oroifon:pourueu que on ny donne point cōfentemēt
mais ilz oftent ledit effect de fuauite/refection ⁊ delectacion efpirituelle. Toutesfoiz fe on donnoit cōfen-
tement aux cogitacions q̃ font peche moztel:on pdroit
totallement tout leffect fruict et vtilite doroifon. Car
telles cogitacions aufq̃lles on confent/font cōe ordes
mouches ⁊ venimeufes mifes fur le facrifice doroifon
q̃ la fait abhominable deuāt dieu La vi.cōdicion ou
difpoficiō ceft prier feruentemēt/ceft adire en grādeur
de defir du q̃l il eft parle au quart chapitre du v.liure
de mopfe en difant:quāt tu querras tō dieu tu le trou-
ueras:pourueu toutesfois que tu le quieres de tout tō
cueur:ceft adire de tout tō defir Et ce defir eft la voix
interiore laq̃lle eft de tant plus grande et plus haulte
de tant que le defir eft pl⁹ ardant. Et de cevient q̃ cō
biē q̃ on ne puiffe opr q̃lque voix materielle dhōme de
plus de demie lieue ou enuiron:toutesfoiz on opt cefte
voix du defir de noftre cuer iufq̃s aux cieulx Et cefte
voix icy eft la clameur par leq̃lle mopfe ⁊ la bonne fu-
fanne crierent a dieu ⁊ furent epaulces Et fans cefte voix icy de defir la voix materielle de oroifō pronō
cee de bouche eft deuant dieu cōe labop dung chien.
De laq̃lle parloit iefucrift au pv.chapitre de faint ma
thieu difāt.ce peuple icy me hōnoze de fes leures mais
le cuer eft loing de moy La feptiefme condiciō eft q̃
on prie difcretement/ceft adire en confiderant q̃lle cho
fe ⁊ en quelle maniere/et a quelle intencion on demā-

de, de quoy parle iesucrist au p̄ vi. chapitre de leuāgile
sainct iehan, en nous disant: se vous demādes aucune
chose a mon pere en mō nom; il la vous dōnera. p ce il
dit aucune chose: est a entendre q̃ on ne soit pas demā
der tant seulement les choses tēporelles: mais les cho
ses eternelles et espirituelles. Car les choses tēporelles
cōparees aux espirituelles ne sont pas aucune chose:
mais sont nyent/ ainsi cōe dit sainct Ieroisme. Et icy
nous dit en quelle intencion deuōs demāder quāt il dit
mon nom/ cest adire ou nom de iesus q̃ vault autant a
dire cōe saulueur: q̃ q̃ ce q̃ demandons ce soit pour prē
salut. Car cōe dit salct augustin: q̃lque chose que nos
demādons cōtre lutilite de nostre salut: nous ne la de
mādons pas ou nom du saulueur. Et pour ce quāt il
ne la nos octroye pas: il se monstre en ce nr̄e saulueur

La viii. condicion est prier ameremēt: cest adire en
lermes de cōtricion q̃ cōpunction. ainsi comme pria la
bonne anne sterile au premier chapitre du premier li/
ure des roys pour obtenir lignee/ la ou est dit: que elle
estoit en amertume de cueur/ q̃ prioit dieu en plourant
q̃ pour ce elle obtint q̃ dieu luy dōna pour enfāt le salt
prophete samuel. Et iob prioit ainsi en son p̄mier cha/
pitre. Ie pleray a dieu en lamertume de mō ame. La
ix. cōdiciō de cellup q̃ prie/ cest prier chāū iour q̃ tressou/
uent. Car cōe dit est cy deuant: au moins nous sōmes
tenos de le prier aux festes/ q̃ aux cas q̃ ont este ditz au
cōmancemēt de ce traicte. Car cōe dit sainct iaques
au v. chapitre de sō epistre: loroisōn p̄tinuelle du iuste
vault moult. Et sainct Ambroise dit que ce nest pas

g i.

mal fait de demander souuēt vne mesme chose:ains ῷ
biē fait affin quil apparoisse ῷ lhōme ne se deffie mya
de la misericorde de dieu/ou quil ne soit pas desplaisāt
par arrogance de ce quil na pas obtenu de dieu ce quil
demāde p̄ sa premiere priere. Et se doit faire oroison
ainsi souuent especialemēt pour deux raisons. Pre
mieremēt car nous auōs en la court de dieu vng grāt
aduersaire/cest assauoir le dyable ῷ cōtinuellemēt nos
accuse:ῷ pource on lapelle accusateur des freres.pour
quoy il ē escript au premier chapitre de Iob ῷ entre les
enfans de dieu(cest adire entre les anges)sathan fut
present deuant dieu pour accuser iob La seconde rai
sō de prier souuētesfois est pour ce ῷ oroison faicte sou
uentesfois ne peut estre escondite.Car cōe dit iesucrist
en le xi.chapitre de saint luc:se on ne donne a cellup ῷ
prie souuentessoiz ῷ p̄seuerāment ce quil demande/en
tant quil est amp:toutesfois on se leuera pour sō iṁpor
tunite ῷ lup baillera lē ce ŷl demāde.Et pour ce il est
escript en le xi.chapitre de sait mathieu ῷ le royaume
des cieulx seuffre force ῷ violence/et ceulx ῷ sont vio/
lans le rauissent. La iiij.cōdicion ῷ dispose cellup qui
prie a obtenir ce quil demande est prier en p̄seuerance.
ῷ pour ce dit vne glose a ce propos sur le xi.chapitre de
saint luc: quil est besoing de p̄seuerance/pour obtenir
nostre demāde.Et la raison est bonne.Car souuentes
foiz vng hōme cōmance son oroisō ῷ na point de deuo
ciō/ou la biē tiede/ou petite;mais en plāāt auecques
dieu et cōtinuant oroison il enflambé par deuociō:

Le xxviii.chapitre Plusieurs raisons demōstrans
pour quoy cest que souuentesfoiz dieu ne epaulce pas
nostre oroison:ains la deboute.

¶ Il est moult a noter ꝗ a bien considerer/ꝗ aulcunesfois dieu ne epaulce pas nostre oroison:
mais la deboute/ aucunesfoiz aussi il differe a no⁹ ep
aulcer a nostre oroison:ꝗ aucunesfois nous epaulce a
nostre voulente/et les aultres fois nous epaulce non
pas a nostre voulēte:mais a nostre salut. Et ce que
aucunesfoiz il ne epaulce pas nostre oroison: mais la
refuse et deboute peut estre pour plusieurs raisons.

Premierement pour lindignite de celluy ꝗ prie/cest
assauoir pour ce quil a offense dieu par peche mortel.
Pour quoy il est escript au ix. chapitre de sainct iehan
no⁹ſcauons ꝗ dieu noyt poīt les pecheurs.ꝗ le psalmi
ste dit:se te regarde ꝗ trouue en mō cueur aucūe iniꝗte
dieu ne me epaulcera point. Touteſſois cōe dit sait
thomas/ce ꝗ dit est nest pas a entendre des mauluais
et pecheurs ꝗ veulēt laisser leurs peches/ne de ceulx ꝗ
font oroisō demandans choses ꝗ appticnnēt a leur sa
lut:mais est a entendre ꝗ dieu ne epaulce point les pe
cheurs/cestassauoir ceulx ꝗ veulent pseuerer en leurs
peches/et qui demandent par leurs oroisons aulcune
chose qui les maintiēt en leurs pechies:ainsi cōme dit
ledit docteur.   La seconde raison pour ce que celluy
qui prie est en doubte et vacillacion se il sera epaulce.

Car sans nulle doubte chascun qui demande son sa
lut sera epaulce seil perseuere en merites:ꝗ fait aussy
ce qui est en soy/mais comme dit saint iaques au pie-
g.ii.

mier chapitre de son epistre. Cellup q doubte e sembla
ble au fluy de la mer, et pour ce ne cuyde point ung tel
homme ql obtienne rien de dieu. La tierce raison pour
ce que ce ql demande nest rien: cest adire ct nest q chose
temporelle: laqlle est ung nyent en comparaison des cho
ses eternelles: pourueu q on la demande pour soy. Et
pour ce disoit iesucrist a ses disciples au xvi. chapitre
de saint iehan: Vous ne auez riê demãde iusques a main
tenant. La quarte pource que demãdons aucunes
foiz ce q ne nous est pas expedient/ côe se ung enfant
demãdoit a son pere ung glefue pour se couper la gor
ge, et en ceste maniere demandoit a dieu saît pol en son
oroison quil lup ostast lesguillon de la chair: q le tetoit
comme dit est. De quoy parle saint ambroise sur le vi
chapitre de saint luc, disant: q souueteffois dieu ne ct
troye pas ce q lê demãde: pource q ce que nous cropons
estre a nostre prouffit: est a la verite a nostre dômaige
La v. raisô pource q cellup qui prie ne veult ne dai/
gne oyr la loy ne la predicacion de dieu. Du quel ple
le sage au xxviii. chapitre de ses prouerbes/ disãt: que
cellup q decline a oste sô oreille affin ql ne oye point la
loy de dieu: loroison quil fait adieu est exsectable. La
vi. pource que cellup q prie ne exaulce pas les poures
q crient et lup demandent laumosne. Car il est escript
par le saige au xxi. chapitre de ses prouerbes/ q cellup
qui estoupe sô oreille affin ql ne oye la clameur du po
ure: quant il criera il ne sera pas exaulce. La vii.
raisô/ pource que on prie pour cellup qui est indigne et
qui met empeschement q on ne obtienne rien pour lup

aïfi cõe faifoit le peuple de ifrael / du ãl dieu difoit au
pphete ieremie en le pi. chapitre. ne vueilles poit prier
pour ce peuple:car ie ne tepaulceray point. Et pareil
lemêt difoit au vб. chapitre. fe moyfe ã famuel bïen êt
deuant moy pour prier pour ce peuple:nõ pourtãt mõ
ame ne fera poit a ce peuple. La viii. raifõ pourquoy
neft pas epaulcee oroifõ pour ce q on demande aucûe
chofe contre iuftice naturelle/cõe quant vng hõme de
mande a dieu pdoñ a õl ne veult pardõner a foñ piou
chain. Pour quoy il eft efcript au бi. chapitre de faint
mathieu. Se voᵘne pdonnes les peches les vngz aup
autres:auffi voftre pere ne vous pdonnera point voz
peches. Et cõtre vng tel hõe eft dit au pбiii. chapitre
O mauuais feruiteur ie tay quitte a pdonne tout ce q
tu me deuoyes:ne deuoyes tu pas ainfi faire a toy cõ/
paignõ. Et le faige dit au ppбiii. chapitre de leccle
fiaftique/que cellup q demande a dieu vêgence:de lup
fera faicte vengence Il ya aucuns autres empefche
mês de obtenir ce que on demãde de par loperacion de
oroifon/ceftaffauoir premierement pufillanimite ou
crainte quãt cellup q prie penfe fa propre indignite: et
pour ce ne ofe leuer les yeulp a la benignite diuine.
Mais contre cecp il deueroit confiderer que la bif
mit de noftre mifere prouoque/a incline vers nous la
bifme de la mifericorde diuine Secondement vne te
merite ou folle hardieffe/ceftaffauoir quant vng hõe
fcet bien fon peche a toutefoiz il perfeuere a fe magni
fie par deffus foy a neft point foigneup du peril de fõ
ame. Et loroifõ dung tel hõme treuue grant refiftãce

et deffert plus toft offense. ¶ Tiercement quant on est
trop tiede/ cest adire quant on a trop petite dauotion [et]
affectio a faire son oroison. car adoncques il luy fault
que languir [et] deffaillir en soy mesmes. car elle na point
de vigueur.

Le .ppviii. chapitre ¶ Plusieurs raisons pour quoy
cest que dieu differe a evauilcer noftre oroison/ et ne les
auce pas incontinent

P   lusieurs raisons peuent estre alleguees pour
         lesquelles dieu souuentesfois differe a auancer
noz oroisons: et ne les evaulce pas incontinent. ¶ Pre-
mieremet affin q[ue] sil estoit facille de nous evauler in-
continet et de nous pardonner: nous ne feussions p[as] si
moye[n] lduis a le cotepner. car co[m]e dit ysaie au .ppvii. chapitre. Se nous auons mercy dung mauuais ho[m]me il
napre[n]dra point iustice. ¶ Secondem[ent] affin q[ue] lame pl[us]
cherisse p[ar] la mertume q[ue]lle seuftre p[ar] la difficulte d[e] lim-
petrer ce q[ue]lle demande soit esmeue a co[m]pu[n]ction [et] c[on]-
trirtion. Pour ce est il escript en ieremie au second chapitre. Sachez [et] regarde q[ue] cest mauuaise chose [et] amere
de auoir laisse et relenqui ton seigneur dieu. ¶ Tiercement affin que le desir de celluy q[ui] priese croisse. ¶ Et
pour ce dit saint augustin q[ue] les saintz desirs croissent
par dilacio[n]: autrement ilz ne sont point desirs. ¶ Car
p[ar] ceste maniere icy lho[m]me est come ung feu o son desir
aussi lequel est plus enflambe et ardant[e] sto tant quil
est plus agite o souffle par le feru de dilacio[n] q[ue] estre[i]
bulacion. ¶ De quoy nous auons exemple au p[re]mi[er] chapitre de sait mathieu de la femme cananee laq[ue]lle fut

repulsee de dieu. et puis se compara au petit chien / et
tousiours perseuera en humble oroison: et p ce moyen
obtint ce quelle demanda.   A lexemple de laquelle
dit ainsi saint Jehan crisostome. Toy doncques qui
pries gardes que tu ne cesses iusques ad ce que tu ayes
obtenu ce que tu demandes, mais qui plus est encores
quant tu lo auras obtenu. ne cesse poinct de prier: ains
perseuere en oroison, en rendant graces a dieu de ce que
tu as obtenu affin quil te demeure.   Quartement
affin que celluy qui prie prise plus et tienne plus chiere
la grace quil a obtenue. car ce que on obtient legierement
on le repute vil: et nen tient l'en compte / mais quant
on a longuement desire aucune chose. et elle a este lon
guement differee: on la tient plus chiere et la prise l'en
plus quant on la obtenue.   Quintement affin que
l'homme par ce congnoisse que de soy il na quelconque
bien: ains luy conuient obtenir de dieu tous les biens
quil a: mais de soy mesmes il peut bien auoir mal.
Ainsi comme dit le prophete osee en la personne de
dieu au treziesme chapitre. O Israel et toy homme
ta perdicion elle vient bien de toy: mais ton aide vient
tant seullement de moy.   Mais combien que ne
soyons pas exaulces incontinent a nostre voulenté et
que lexpedicion de nostre oroison nous soit deslayee et
differee: si ne deuons nous pas desister de nostre oroiso
ne prier plus tiedement: mais plus feruentement. Pour
quoy dit saint bernard. moult de gens sont qui dient:
nous ne cessons iamais de prier: et toutesfois a grant
peine iamais nous ne apperceuons que nous recepuons fruit

de noftre oroifõ:ains nous en retournõs tous fruilés.

¶ Il dift il.ne Bueilles pas iuger felon la face:mais
felon la foy/et ne defprifes pas pourtãt Boftre oroifon
car ie Bous ditz biẽ q cellup q Bous priez ne la defprife
pas:ains auãt qlle foit partie de Boftre bouche la fait
efcripre en fon liure:et pouons efperer fans quelcõque
doubte que nous obtendrions lung des deulp:cestaffa
uoir:ou quil nous donnera ce que nous demandons/
ou quil nous dõnera ce quil fcet eftre a nous plus pro
fitable q ce que demandons.   Et yfidoire dit que tou
teffoiz que Boyons que ne fõmes point epaulces incõ
tinẽt aps nrẽ oroifõ:ppofõs et mettõs noz faiz deuãt
noz peulp q imputõs q attribuõs a noftre conlpe et a
la iuftice diuine ce q nrẽ epaudiciõ ẽ diferee ou delaie

Le xxB.chapitre que cõbien q lhõme fouuãteffoiz
ne foit pas epaulce felon fa Boulente q defirs ce non ob
ftant ileft epaulce quant a fon falut.

¶ Fercemẽt dieu epaulce noftre oroifõ aucunes
fois et incontinent:mais ce neft pas felon la
Boulente de cellup qui prie/combien quil foit epaulce
a fon falut.   Cellup eft epaulce a fa Boulẽtq qui obtient
ce ql defire q demãde en la forme q maniere ql demãde

¶ Et cellup eft epaulce a fon falut q nõ pas a fa Bou
lente qui obtient par fon oroifõ nõ pas ce quil defire q
demande felõ la forme quil demãde: mais touteffois
p icelle oroifon il obtient autre chofe q celle ql demãde
faqlle eft meilleure pour fõ falut q ce ql demãde:con
biẽ quelle foit oppofite q contraire aucuneffois a ce ql

desire et demande.   De quoy donne exemple sainct
augustin q̃ a este cy dessus recite de saict pol:lequel re
quist plusieurs foiz a dieu quil lui ostast lesguillon de
la chair:mais dieu luy respondit, ma grace te souffist
car vertu est p̃secte en enfermete et maladie:ainsi q̃l est
escript au .xii. chapitre de la secõde epistre au corinthi/
ens Ainsi il ne obtint pas ce q̃ il desiroit ꝗ demandoit
en sa forme:ꝗ pource ne fut pas epaulce a sa voulẽte
   Mais quant le dyable demande a dieu le sait hõ/
me iob:dieu luy octropa cõe il est escript au pmier cha
pitre de iob(et toutesfois lapostre fut plus epaulce de
dieu en sadicte oroison:q̃ ne fut le dyable)Car cõbiẽ q̃
le dyable feust epaulce a sa voulente:toutesfois il ne
fut pas epaulce a son salut mais a sa peine ꝗ dãnaciõ
mais sainct pol fut epaulce a son salut q̃ est trop plus
grant chose que destre epaulce a sa voulente:pource q̃
lesguillon de la chair ionct auec la grace de dieu luy
valoit trop plus a son salut/et pour acꝗrir grant me/
rite en resistant vertueusement a la tẽtacion:q̃ ne luy
eust valu estre deliure de ladicte tentacion.   En ceste
maniere les sainctz sont tousiours epaulces/cesta assa
uoir a leur salut.Car les sainctz sur toutes choses ap
moient leur saluaciõ eternelle/cõme la fin de toutes
leurs oroisons:ainsi ilz sont bien epaulces quãt ilz ob
tiennent ce quil appartient a leur salut/combiẽ quilz
ne obtiennent pas a leur voulẽte particuliere ce quilz de
mandent.Car comme dit psidore dieu epaulce incõti/
nent ceulx qui luy font oroisõ en pur desir:ꝗ qui ny dõ
nent empeschement.   Mais il epauce quãt a la vou

lente seulement ceulx ql baille comme au reprouuez
au desirs de leurs cueurs: comme il fist aux enfans de
Israel a autres reprouuez   Desquelz parle saint pol
au premier chapitre de lespitre aux romains disant q
dieu les a liurez au desirs de leurs cueurs. Exemple
aucun demande a dieu grandes pecunes a richesses n
dieu le paulce et les luy donne: mais cest souuent a so
grant mal. Car par ce il est fait la proye de plus puis
sant que luy leql il ne craignoit poit, ou par auant ql
eust richesses. ainsi par son oroiso il a voulu auoir cho
se pour laquelle il a este quis du larro, leql nul ne que
roit deuant qiil eust lesdictes richesses.   Dieu donc
donne souuentesfoiz a nostre salut ce ql ne donne pas
a nostre voulete. Ainsi comme dit saint Augustin: la
quelle chose est moult conuenable a sa gloire a a nostre
salut.   Et icy pour euiter ennuy a trop grant prolixi
te sera la fin de lexposicion de la patenostre/ recuillye
de plusieurs saintz docteurs et expositeurs: p maistre
Raoul de montfiquet: combien que on y eust peu adiou
ster moult de choses salutaires a tresbien pertinentes
a la matiere.

   Cy finist lexposicio de la patenostre composee en
latin a en francoys par maistre Raoul de motfiquet/
extraicte et recueillye de plusieurs et diuers docteurs
et exposite rs. Plaise au lecteur de ce liure luy doner
vne patenostre. Imprime a la rue saict iaquez aupres
de petit pont par Pierre Leuet. Lan Mil quatre cens
quatre vingz et neuf. La vigille des Roys.